# EN MODE ADO JE GÈRE

Lizzie Cox

Illustrations de Damien Weighill

Traduction et adaptation française

par Marion McGuinness

au fil de soi

# TABLE DES MATIÈRES

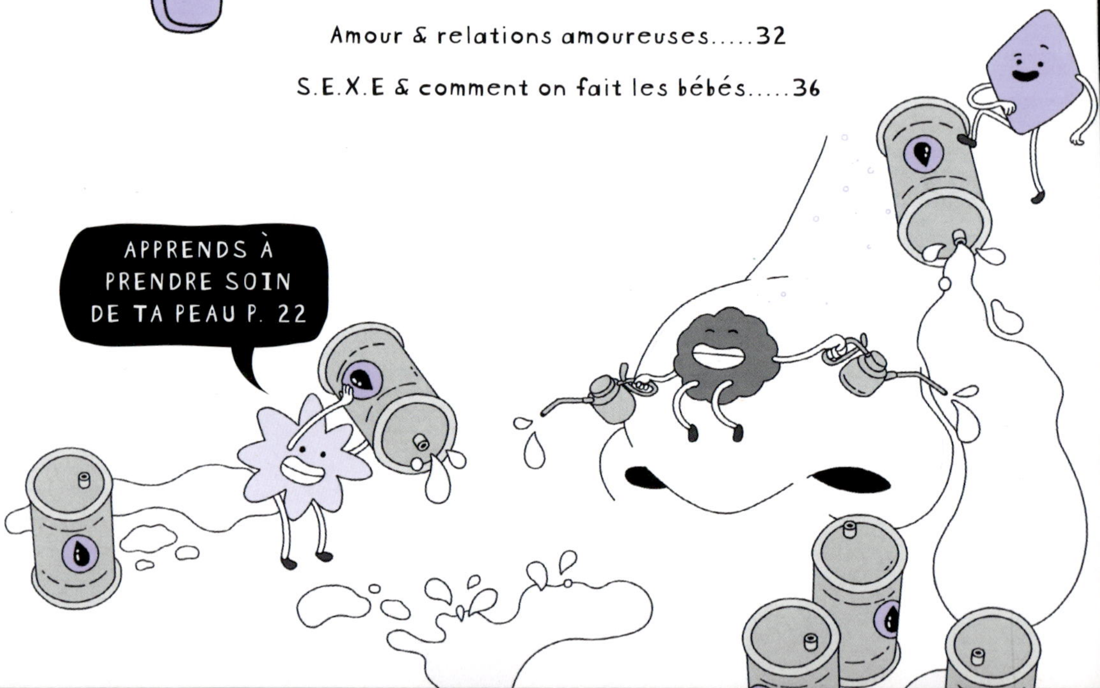

DÉCOUVRE LES DIFFÉRENTS TYPES DE FAMILLE P. 56

First published in the UK in 2017 by QED Publishing
Part of The Quarto Group
The Old Brewery, 6 Blundell Street,
London, N7 9BH



**Au fil de soi**
7 Rue du Bosquet, B-1348 Louvain-la-Neuve
www.editions-aufildesoi.fr

Traduction et adaptation française par Marion McGuinness



Dépôt légal :
Bibliothèque Nationale, Paris : mai 2019
Bibliothèque royale de Belgique,
Bruxelles : 2019/13647/009
ISBN : 978-2-8073-2506-7

FSC
www.fsc.org
MIXTE
Papier issu de sources responsables
FSC® C017606

Imprimé en Chine

# BON, C'EST QUOI, LA PUBERTÉ ?

Tu as sûrement entendu parler de « l'âge de la puberté », mais qu'est-ce que c'est que ce mot en « **P** » ? La **PUBERTÉ**, c'est l'ensemble des changements que ton corps traverse quand tu passes de fille à femme. Oui, tu vas devoir devenir un adulte un jour. **BEURK**. (Je rigole, Maman.)

Depuis ta naissance, tu grandis (évidemment, sinon tu serais encore en train de rouler par terre en couche), mais c'est à la puberté que les bouleversements les plus importants se produisent dans ton corps, à la fois physiquement **ET** émotionnellement.

## Quand est-ce que ça commence ?

**Le truc important à se rappeler, c'est qu'il n'y a pas de moment préprogrammé ou « normal » pour le début de la puberté. Alors, tu peux ranger ce calendrier – entourer un jour et écrire « DÉBUT DE LA PUBERTÉ », ça ne sera pas possible. Désolé !**

Des changements comme les seins qui se développent, les premières règles, les poils qui poussent à des endroits où **CLAIREMENT** il n'y en avait pas avant, et des émotions totalement inédites pour toi.

## Tout le monde à bord!

Tout ça te paraît bien lourd à gérer, non? Eh bien, **N'AIE PAS PEUR** – d'ici la fin de ce livre, tu sauras tout ce qu'il faut savoir sur ce qui t'attend, et tu seras largement prête pour le train de la puberté.

## Le début

La plupart des filles atteignent la puberté entre 8 et 14 ans, mais certaines commenceront à observer des changements plus tôt, et d'autres plus tard – la puberté est différente pour chacune.

Le rythme de ces changements est aussi unique pour chaque fille. Certaines peuvent traverser la puberté en une année ou moins, et pour d'autres, il faudra jusqu'à sept ans pour se développer complètement.

En matière de puberté, il n'y a rien de figé: elle arrive quand elle arrive et prend le temps qu'il lui faut. Ce que nous essayons de dire, c'est **NE PANIQUE PAS**, et ne t'inquiète pas si ces changements surviennent avant ou après tes copines – au bout du compte, tout s'équilibre.

# MAIS... QU'EST-CE QUI DÉCLENCHE LA PUBERTÉ ?

Es-tu prête pour un peu de **SCIENCE** ? *musique dramatique*. C'est une histoire d'hormones. Les hormones sont des substances chimiques de ton corps qui voyagent dans le sang, et donnent certaines consignes à tes organes. Considère-les comme de petits messagers chimiques qui donnent le coup d'envoi de la puberté, puis continuent de dire à ton corps comment se développer et changer pour devenir adulte.

**ÉTAPE 1** Tout commence quand une de ces hormones voyage jusqu'à une zone de la taille d'un petit pois à la base de ton cerveau, appelée « hypophyse ». L'hormone arrive et dit à la glande de libérer des hormones nouvelles et différentes (y compris une hormone appelée **ŒSTROGÈNE**).

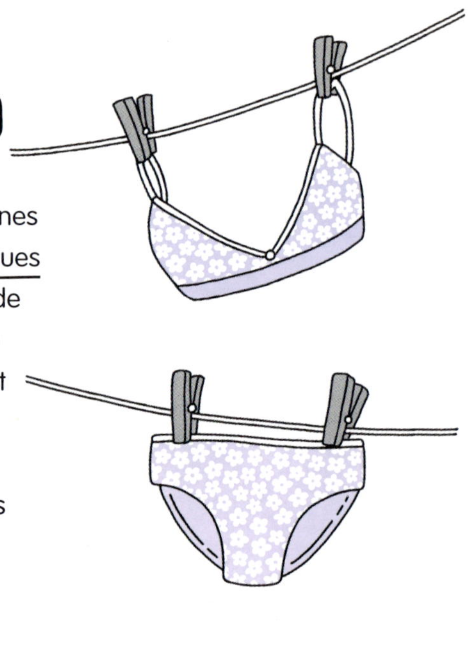

**ÉTAPE 2** Maintenant que toutes ces hormones parcourent ton corps, les changements physiques les plus remarquables se produisent. Le bout de tes seins va grossir et peut-être te faire un peu mal – c'est le premier signe de développement mammaire, souvent appelé « bourgeon mammaire » (**voir pp. 10-11**). Tu vas aussi grandir, et des poils vont pousser sur ton pubis (autour de ta vulve), ainsi que sous tes bras.

**ÉTAPE 3** Oh, ça s'emballe maintenant ! Tes seins vont continuer de grossir et tes poils pubiens se multiplier. Tes hanches vont aussi s'élargir – pour préparer ton corps à porter un bébé quand tu seras adulte (si tu en veux un !). Certaines filles commencent également à produire des sécrétions vaginales transparentes ou blanchâtres. C'est complètement normal : c'est ainsi que ton vagin se nettoie tout seul – il est malin. Ça commence souvent peu de temps avant tes premières règles.

**ÉTAPE 4** Alors que tu poursuis ton voyage pubertaire, tu vas devenir fertile. « **FERTILE** » est un autre mot pour dire « **CAPABLE D'AVOIR UN BÉBÉ** », et veut dire que tes ovaires vont se mettre à libérer des ovules dans ton utérus, déclenchant le début des règles. Tes seins vont aussi continuer à grossir, et tes mamelons devenir plus foncés.

**ÉTAPE 5** Du coup, comment se termine la puberté ? Eh bien, quand tu auras atteint ta taille adulte, tes seins arrêteront de grossir, et tes règles seront de plus en plus régulières, environ une fois par mois. Physiquement, tu seras alors une femme.

**PFIOUU !**

### Check-list de la puberté

- ☐ Sautes d'humeur
- ☐ Grandir
- ☐ Les seins commencent à se développer
- ☐ Les poils pubiens poussent
- ☐ Premières règles !

# LES POUVOIRS DU CERVEAU

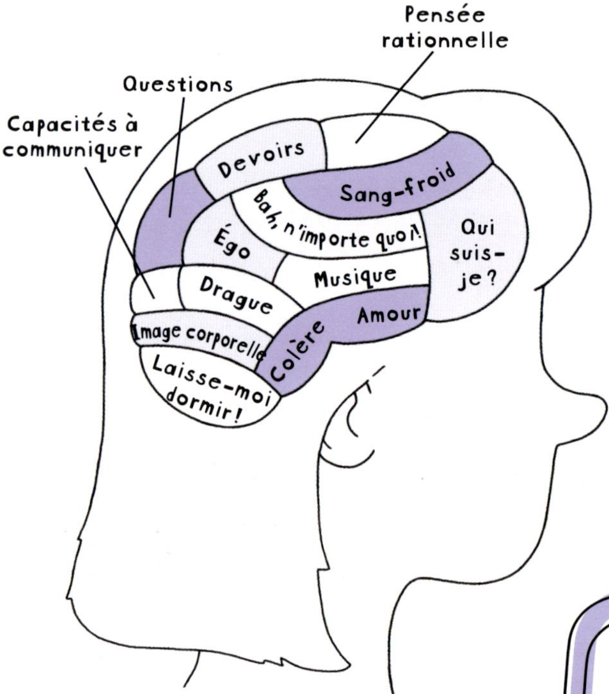


Il n'y a pas que l'extérieur de ton corps qui change à la puberté – l'intérieur aussi, y compris ton cerveau.

Le plus grand bouleversement se produit dans la zone à l'avant du cerveau, appelée « **LOBE FRONTAL** ». Le lobe frontal est un peu le petit chef et dit en gros à tout le reste de ton cerveau quoi faire. Il ne terminera son développement qu'à la fin de la puberté.

Ça veut dire qu'au moment où tu commenceras à connaître des changements physiques – grandir, avoir les seins qui poussent, les premières règles, etc. –, tu deviendras aussi plus **ADULTE** émotionnellement, à mesure que ton cerveau se développe. Il se réorganise pour devenir plus efficace, comme quand on élague un arbre pour lui permettre de mieux pousser. Mais pendant l'élagage, il est possible que tu te sentes un peu à la merci de tes émotions.

## Gère tes humeurs

**Fais une pause.** Tu te sens énervée ou en colère ? Trouve un endroit calme, prends quelques grandes inspirations et concentre-toi sur quelque chose qui te rend heureuse.

**Roupille.** Quand on traverse la puberté, on a besoin de beaucoup de sommeil, pour ne pas être grognon. Essaie de dormir au moins 8 heures par nuit.

**Demande pardon.** Tout le monde dit parfois des trucs qu'il ne pense pas, c'est la vie – mais s'excuser peut vraiment améliorer les choses.

## Que se passe-t-il dans mon cerveau ?

Différentes zones de ton cerveau se mettent à augmenter leurs connexions, et, en même temps, de nouvelles connexions se créent.

Les voies neuronales que tu utilises beaucoup (comme pour trouver comment atteindre le niveau 2 de ton jeu vidéo préféré) commencent à s'intensifier.

Les anciennes voies neuronales que tu n'utilises presque plus (comme pour jouer aux Lego) se ferment.

Tes émotions fonctionnent plus vite que la zone de ton cerveau qui les gère, c'est pour ça qu'elles peuvent sembler un peu hors de contrôle parfois.

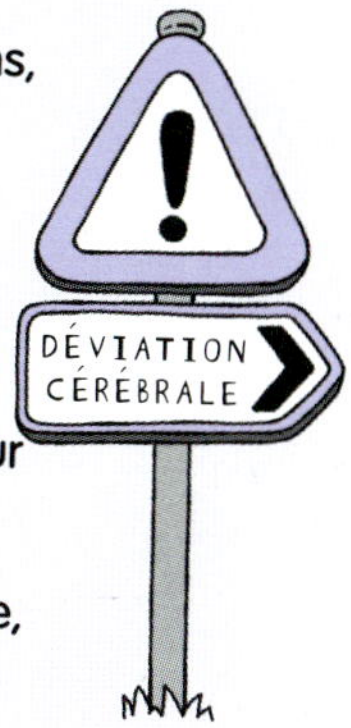


## Être émotive

Qu'est-ce qu'on obtient quand on prend toutes ces nouvelles hormones qui font la fête dans tes vaisseaux sanguins, et qu'on les associe à un cerveau en pleine croissance ? Un bon paquet d'émotions et de sentiments tout neufs, voilà quoi !

La puberté peut être bouleversante, et tu pourrais ressentir des émotions plus fortes et plus extrêmes. C'est ce qu'on appelle parfois les « **SAUTES D'HUMEUR** », car tu peux te sentir parfaitement bien une minute, et vraiment triste ou en colère celle d'après.

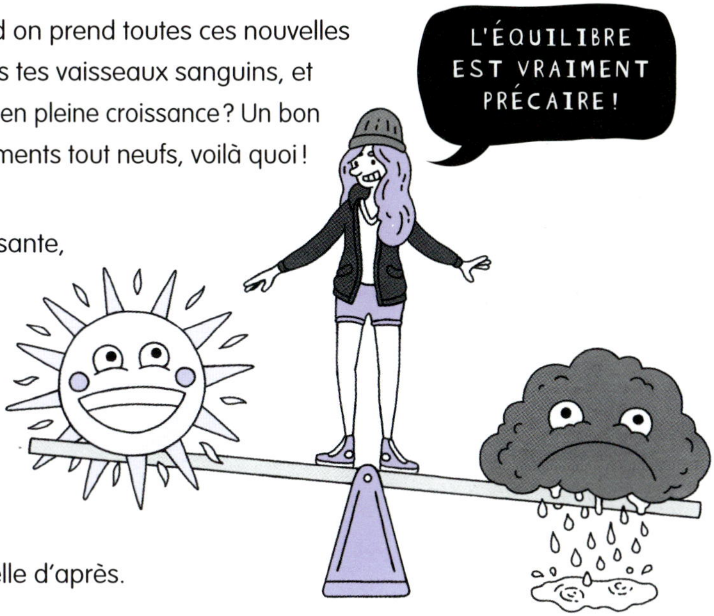


Le truc important à garder à l'esprit, c'est que c'est **N.O.R.M.A.L.** Tu te trouves entre la fille et la femme, et c'est déjà beaucoup à gérer. Pas surprenant que parfois tu pleures sans raison, ou que tu te sentes tout à coup irritable ou de mauvais poil.

# PARLONS NICHONS

**SEINS. NICHONS. NÉNÉS.** Ils ont plein de noms différents, mais les femmes ont des seins pour une seule raison : nourrir un bébé. Les seins sont composés de tissu biologique, de canaux et de glandes. Quand une femme est enceinte, ces glandes commencent à produire du lait, se préparant ainsi à donner à son bébé le meilleur aliment possible dès sa naissance.

Chez la plupart des filles, les seins commencent à se développer entre 8 et 14 ans. D'abord, tes mamelons vont grossir et peuvent devenir gonflés ou sensibles. On les appelle les « bourgeons mammaires ». Puis ils continueront de grossir pendant environ 5 à 6 ans (oui, **ANS**) jusqu'à être entièrement développés.

**SOUVIENS-TOI**

Il existe des seins de **TOUTES SORTES** de tailles et formes différentes : il n'y a pas de « normal », de « mieux » ou de « bien ».

## Tous les seins sont normaux

Les seins sont un des changements les plus évidents pendant la puberté, et que tout le monde voit. Du coup, tu vas être tentée de comparer tes seins à ceux des autres filles, et tu risques de te demander si les tiens ne sont pas trop gros ou trop petits.

Certaines filles ont des petits seins, d'autres de gros seins et d'autres encore sont entre les deux – nous sommes toutes différentes et c'est très bien comme ça. Dis-le avec nous : **TRÈS BIEN !**

NORMAL

DEVINE QUOI ? NORMAL AUSSI !

NORMAL

NORMAL

## J'ai une question !

**Mon sein gauche est différent de mon sein droit, est-ce que je suis bizarre ?**

Non, bien sûr que non ! Un corps n'est jamais parfaitement symétrique, il est donc parfaitement normal qu'un de tes seins soit plus petit/plus gros, plus haut/plus bas que l'autre.

**Mes amies ont toutes leurs seins qui poussent, pourquoi je suis toujours plate ?**

Ça peut être difficile d'être la dernière à voir ses seins grossir, tout comme d'être la première. La puberté est propre à chacune, mais vous l'atteindrez toutes, quand ce sera le bon moment pour vous. **Accroche-toi !**

**Mes seins ont comme des bosses à l'intérieur, est-ce que je devrais m'inquiéter ?**

Quand les seins grossissent, ils peuvent souvent sembler bosselés ou sensibles, surtout avant les règles. Si toutefois tu remarques un changement ou une bosse qui est là depuis quelques semaines, il vaut toujours mieux en parler à ton médecin, par précaution.

# SOUTIF-ANTASTIQUE : TOUT CE QUE TU DOIS SAVOIR

Un soutien-gorge est un sous-vêtement qui soutient tes seins, avec deux bonnets (pas le genre qu'on porte sur la tête), une bande de tissu dans le dos et des bretelles. Simple, non ?

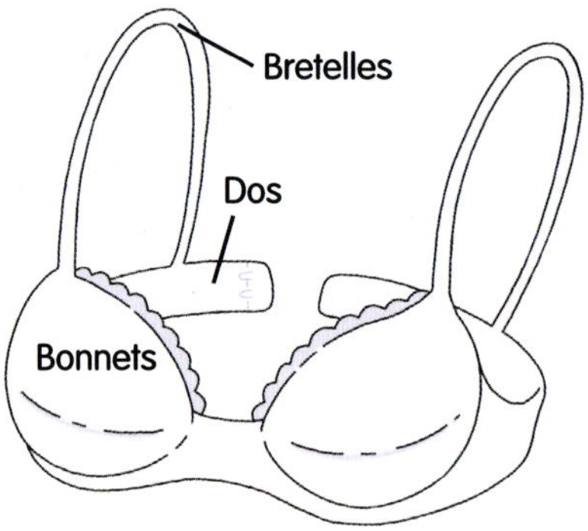


## Mon premier soutien-gorge

C'est à toi de décider quand tu veux ton premier soutien-gorge, il n'y a aucune règle qui fixe cette étape-là. Quand tu sens que c'est le bon moment, parles-en avec ta mère, ta tante, ta grande sœur, ton père, ton **CHAT*** – quelqu'un avec qui tu te sens à l'aise.

## J'ai une question !

**Je suis gênée quand on voit mon soutien-gorge dans les vestiaires du collège. Aidez-moi !**

Le développement des seins est une étape naturelle pour devenir une femme, alors souviens-toi que toutes les filles vivent exactement la même chose que toi.

**Je suis assez plate mais je veux porter un soutien-gorge. J'ai le droit ?**

Bien sûr ! C'est ton corps, tes règles du jeu, ta décision – tes seins n'ont pas à avoir une taille minimale pour commencer à porter un soutien-gorge. Assure-toi juste qu'il te va bien.

**Ma mère dit que je n'ai pas encore besoin d'un soutien-gorge mais j'en veux vraiment un, que puis-je faire ?**

Discute avec elle et explique-lui que c'est vraiment important pour toi, et demande-lui pourquoi elle refuse. Si tu comprends son point de vue, et qu'elle comprend le tien, alors peut-être arriverez-vous à un compromis.

* TON CHAT NE SERA PROBABLEMENT PAS TRÈS UTILE, EN FAIT. JE DIS ÇA...

## Quel est le meilleur soutien-gorge ?

La plupart des filles préfèrent commencer avec des **BRASSIÈRES**. Elles sont en tissu doux et extensible qui laisse de la place à tes seins pour grossir.

Quand tes seins seront plus développés, tu pourras choisir parmi un tas de styles différents, y compris de nombreux avec des armatures pour encore plus de soutien. Essaie plusieurs modèles pour voir lequel te semble le plus confortable.

Brassière

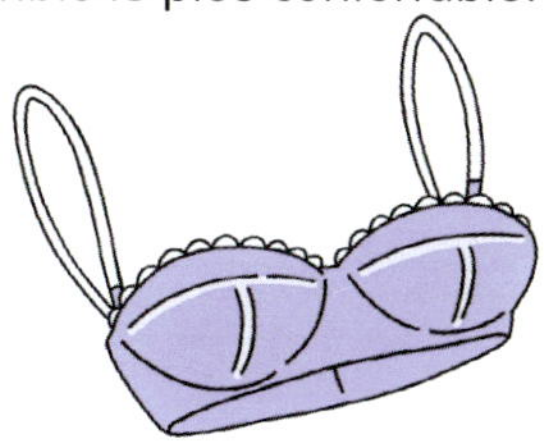

À balconnets

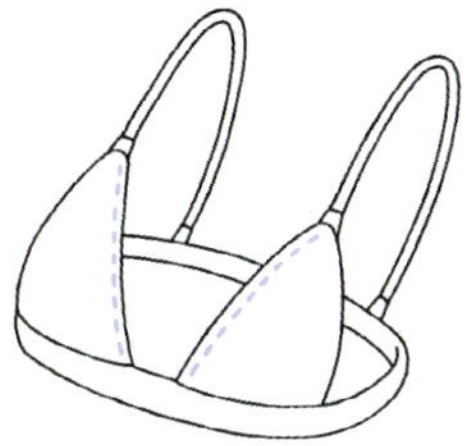

Triangle

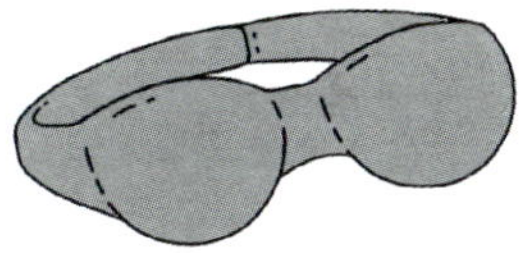

Bandeau

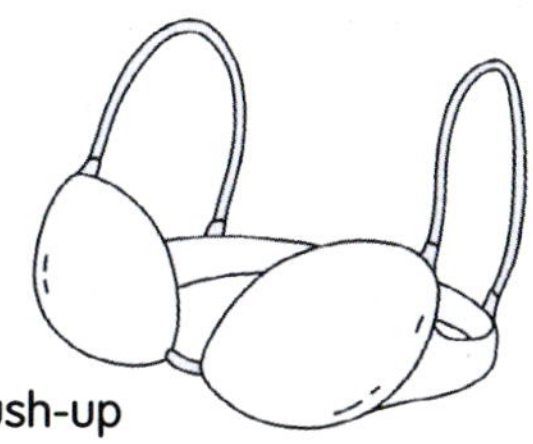

Push-up

## Checklist pour bien choisir ton soutien-gorge

- ☐ La bande de tissu dans le dos est-elle bien horizontale sous tes omoplates, sans remonter ?
- ☐ Tes seins sont-ils confortablement contenus dans les bonnets, sans déborder ?
- ☐ Les bonnets sont-ils bien tendus contre tes seins, sans que ça baille ?
- ☐ Le tissu entre les bonnets est-il bien tendu sur ta peau, sans bailler ?

Si tu n'as pas coché toutes ces cases, tu dois certainement porter une mauvaise taille de soutien-gorge. Dans de nombreuses boutiques de lingerie, on peut te proposer de prendre tes mensurations – vas-y pour ne pas porter un soutif au pif.

Porter un soutien-gorge qui te va bien est **TELLEMENT** important – s'il est trop grand ou trop petit, il ne soutiendra pas correctement tes seins, et peut même te causer des douleurs au dos et aux épaules. **OUILLE !**

# LES RÈGLES

La plupart des filles ont leurs premières règles entre 10 et 14 ans. Pour d'autres, elles peuvent commencer un ou deux ans plus tôt, ou plus tard, alors ne t'inquiète pas si tu te réveilles le jour de tes 14 ans et que tu ne les as pas encore eues.

Le mot scientifique pour nommer les règles, c'est « menstruations ».
Les règles, c'est du sang de l'utérus qui est évacué de ton corps par le vagin.
Pas de panique, ce n'est pas vraiment flippant. Assieds-toi, détends-toi et on va **TOUT** t'expliquer.

## Checklist du SPM

- [ ] Sautes d'humeur : tu te sens plus grognon ou plus émotive que d'habitude.
- [ ] Super fatiguée et grosse envie de dormir.
- [ ] Seins sensibles ou gonflés.
- [ ] Impression de ballonnements.
- [ ] Douleurs comparables à des crampes en bas du ventre et du dos.

C'est marrant d'être une fille, hein ?!

## Douleurs, humeurs & plus encore

Les règles ont un effet différent sur chaque fille, mais la plupart traversent un **SPM** (ce qui veut dire Syndrome Prémenstruel) au cours des jours précédant les règles.

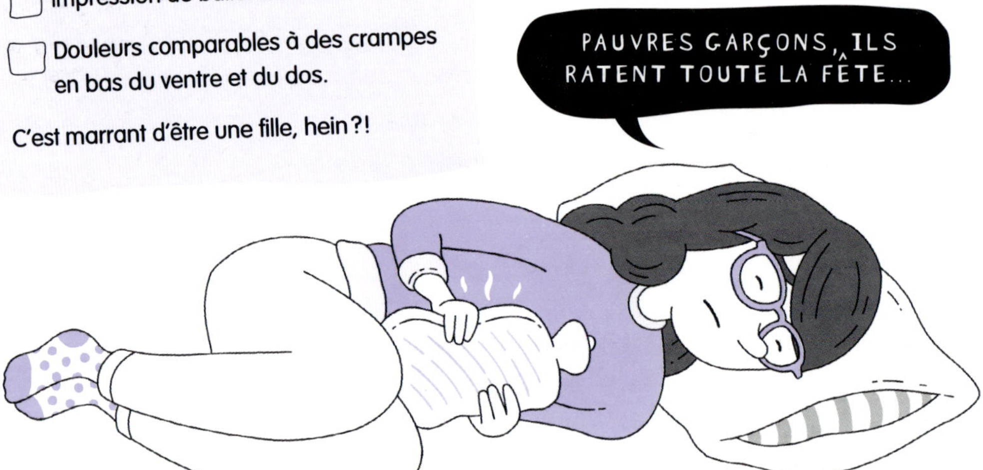

## Pourquoi a-t-on nos règles ?

Les filles naissent avec deux ovaires, qui sont comme des petits sacs qui contiennent des **MILLIONS** de minuscules œufs. Chaque œuf (ovule) peut potentiellement devenir un bébé.

Quand tu atteins la puberté, l'une de ces nouvelles hormones dit à tes ovaires de libérer le premier ovule… et hop, il sort de l'ovaire. Dans ton corps, tout est à l'écoute de ces hormones, elles sont plutôt autoritaires.

### Le savais-tu ?

Une bouillotte chaude placée sur ton ventre peut vraiment soulager tes douleurs. Si tu as très mal, tu peux aussi prendre des antalgiques, comme du paracétamol ou de l'ibuprofène.

L'ovule voyage ensuite le long de la trompe de Fallope jusqu'à l'utérus, qui s'est préparé à l'arrivée de l'ovule en tapissant sa paroi intérieure d'une épaisseur de sang et de tissu. **SUPER CONFORT**.

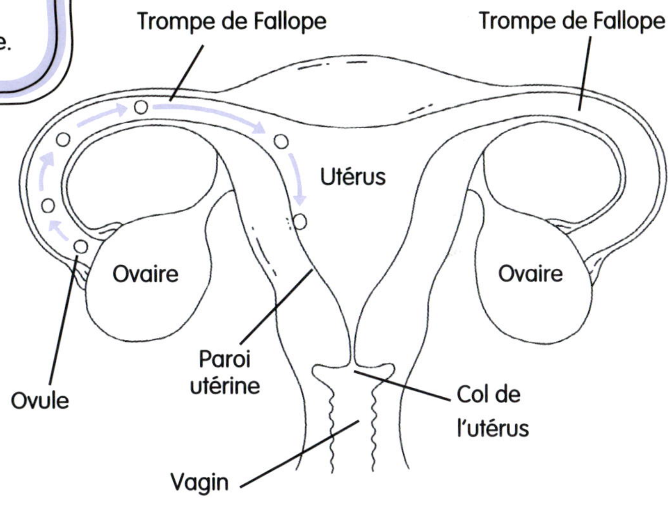


Si l'ovule n'est pas fécondé par un spermatozoïde avant d'entrer dans l'utérus (voir p. 36), alors ton corps comprend que tu n'es pas enceinte et l'épaisseur de sang s'autodétruit et quitte ton corps sous forme de règles. **C'EST ÇA, TOUT CE SANG !** Le sang peut sembler épais ou fin, gluant ou glaireux, être rouge vif ou brun foncé – tout ça est normal.

## Quatre choses que tu dois savoir

1. Ton corps peut avoir besoin d'un peu de temps pour trouver un rythme mensuel régulier – alors ne t'inquiète pas si tu as tes premières règles, puis plus rien pendant quelques mois.

2. Quand tes règles deviendront régulières, tu les auras tous les 28 jours environ, et elles dureront entre 3 et 5 jours (c'est la durée du saignement).

3. Tu évacues environ l'équivalent d'un coquetier de sang chaque mois. Tu peux avoir l'impression qu'il y en a **BIEN PLUS** que ça quand tu le vois sur ta serviette ou ton tampon, mais non !

4. De nombreuses filles remarquent une substance blanche et collante au fond de la culotte, appelée « pertes blanches » au cours des mois précédant l'arrivée des règles. Ça n'a rien d'inquiétant – c'est juste ton corps qui se prépare.

## Que dois-je utiliser ?

Quand tu commenceras à avoir tes règles, tu auras besoin de quelque chose qui absorbe le sang. Regardons ensemble les **CHOIX** possibles, d'accord ?

## Les serviettes hygiéniques

Pour tes premières règles, tu préféreras sûrement utiliser des serviettes hygiéniques – des protections absorbantes qui se collent à la culotte. Il y en a deux sortes : avec ou sans « ailes ». Les ailes aident à bien fixer la serviette pour qu'elle reste en place quand tu es plus active. Elles doivent être changées au bout de quelques heures. La nuit, tu peux porter une serviette plus épaisse, comme ça tu n'auras pas à te réveiller au beau milieu de la nuit pour la changer !

## Les tampons

Le tampon s'insère dans le vagin pour absorber le sang. On le retire en tirant doucement sur sa ficelle (elle ne risque **PAS** de casser, **PAS DE PANIQUE !**). Une fois que tu auras appris comment bien l'insérer, tu peux même aller à la piscine avec – c'est complètement sûr, et bien calé à l'intérieur.

La plupart des filles préfèrent attendre d'avoir eu quelques cycles avant d'utiliser des tampons, mais ça ne veut pas dire que tu ne peux pas essayer tout de suite si tu te sens à l'aise avec.

### Le Syndrome du Choc Toxique

C'est **TRÈS** important de changer ton tampon toutes les 4 à 6 heures, et de ne **JAMAIS JAMAIS** le garder plus de 9 heures. Dans de très rares cas, les tampons laissés trop longtemps à l'intérieur du vagin peuvent provoquer une méchante infection appelée Syndrome du Choc Toxique (SCT) qui doit être traitée à l'hôpital.

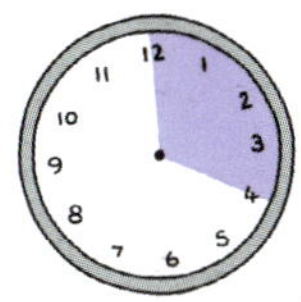

### J'ai une question !

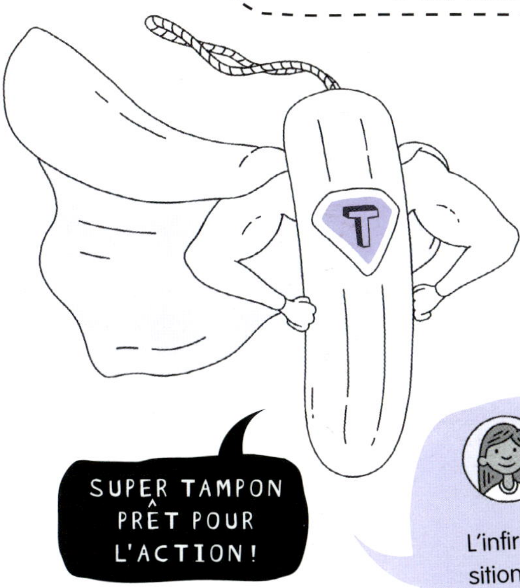

**Est-ce qu'un tampon peut se perdre à l'intérieur ?**

**NON, ABSOLUMENT PAS, JAMAIS.** Tout en haut de ton vagin se trouve le col de l'utérus, et c'est un passage si minuscule qu'il est impossible qu'un tampon puisse y passer. Ouf !

**J'ai vraiment peur que mes règles déboulent quand je suis à l'école – que devrais-je faire si ça arrive ?**

L'infirmerie de l'école doit avoir des serviettes à disposition ou, en cas d'urgence, tu peux glisser des feuilles de papier toilette dans ta culotte ! Si tu es vraiment inquiète, garde une culotte propre et une serviette hygiénique dans ton cartable, juste au cas où !

# AU POIL !

Quand la puberté surgit, les poils aussi. On dirait même qu'ils poussent et deviennent de plus en plus drus de **PARTOUT** – de ton visage à tes aisselles, en passant par tes jambes ou ton sexe.

9 ans 12 ans 15 ans

**Le savais-tu ?**

Les poils ont en fait un rôle très important et plein de missions différentes, comme de te tenir chaud, de protéger ta peau des germes ou bactéries, de créer une barrière pour réduire le frottement entre ta peau et les vêtements.

Les poils autour de ton sexe s'appellent les « poils pubiens », car ils se trouvent au-dessus de ton pubis… **MALIN**. Ils sont aussi souvent plus épais, frisés et drus que tes cheveux, et vont peu à peu dessiner un genre de triangle entre tes jambes.

## L'épilation : quoi, quand et pourquoi ?

Quand elles grandissent, certaines filles choisissent de s'épiler, et d'autres non. Il n'y a pas un choix meilleur qu'un autre, c'est à toi (et uniquement à toi !) de choisir. N'oublie jamais : personne ne devrait jamais se sentir contraint par quiconque de modifier son corps, y compris en l'épilant.

## Le rasage

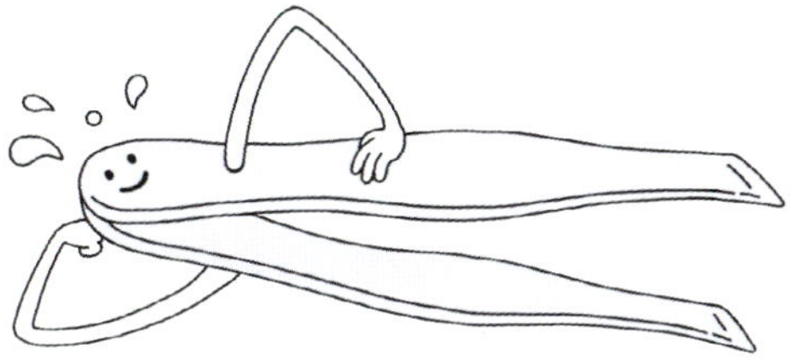

Pour tes aisselles et tes jambes. Fais attention ! Utilise toujours de la mousse à raser, et change de lame avant qu'elle ne rouille, sinon tu risques une infection. **BEURK !**

## La crème dépilatoire

Une crème contenant des produits chimiques qui dissout le follicule pileux à la surface de la peau. Lis toujours attentivement le mode d'emploi, car laisser poser la crème trop longtemps peut causer des irritations.

## L'épilateur électrique

L'appareil arrache tes poils jusqu'à la racine grâce à sa tête tournante. On peut l'utiliser sans risque sur les jambes et les aisselles, mais seuls certains sont sûrs pour le maillot et le visage, donc vérifie d'abord.

## La pince à épiler

Eh, sourcils, c'est votre tour ! La pince à épiler arrache les poils un par un. **VA DOUCEMENT** et prends le temps de te regarder dans le miroir. On peut s'emballer très vite !

## La cire

La cire peut s'utiliser **PARTOUT**, y compris sur les zones plus sensibles comme le visage ou le maillot. La cire chaude s'applique sur la peau puis on la retire par bande, arrachant les poils à la racine. Et oui : ça peut faire assez mal !

# LA PEAU ET LES BOUTONS

Pendant que toutes ces hormones pubertaires font la fête, elles incitent aussi ta peau à produire plus de gras (le sébum), qui bouche tes **PORES** (ces trous minuscules sur ta peau – regarde de près, tu les verras). Ça peut provoquer des boutons sur ton visage, ton cou, tes épaules et ton dos. Et dans les cas les plus graves, de l'acné.

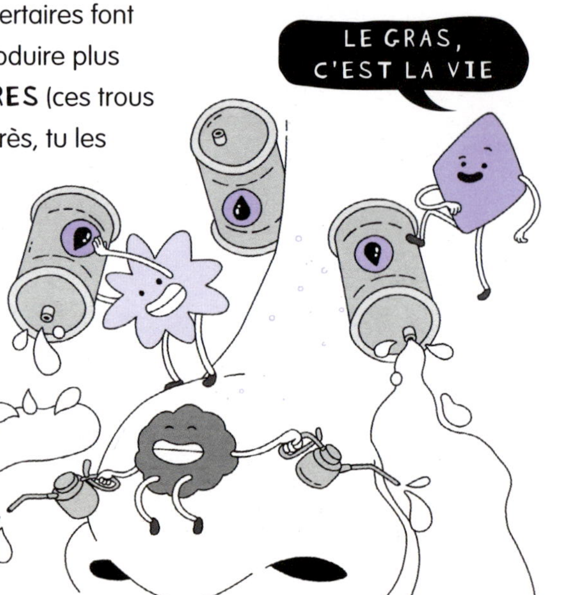


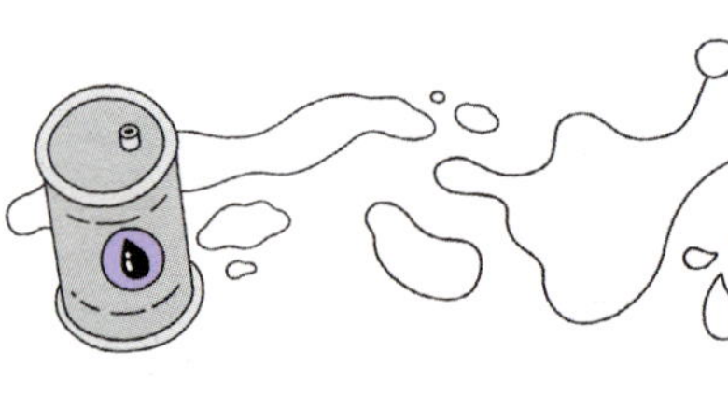

### L'acné

L'acné est une maladie de la peau déclenchée par la puberté, qui provoque de graves éruptions de boutons, y compris parfois des nodules ou kystes plus douloureux. Oui, tu as raison, ça semble absolument terrifiant – mais des **MILLIONS** d'ados en souffrent, alors si c'est ton cas aussi, tu n'es pas seule ! Heureusement, il existe des traitements, depuis les nettoyants spéciaux jusqu'aux médicaments. Si tu penses avoir de l'acné, parles-en à ton médecin.

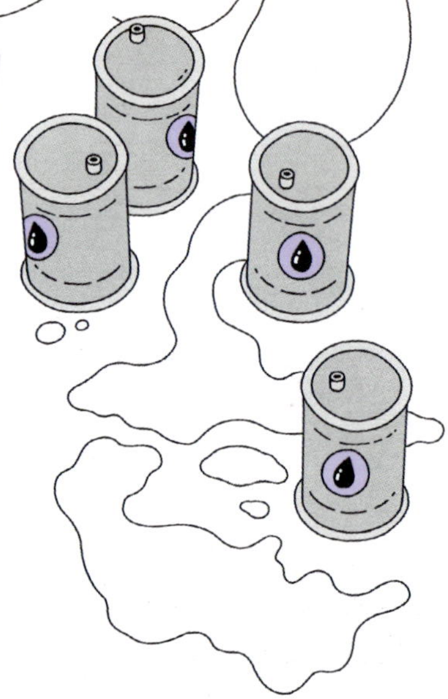

## Fais la différence

Contrairement aux humains, tous les boutons ne naissent pas égaux – il en existe en fait différents types. Voici comment les repérer et les traiter.

### Les boutons blancs

L'indice est dans le nom ! Ce sont de petits boutons avec une « tête » blanchâtre remplie de pus, **DÉGUEU**. Ils peuvent être (gentiment) éclatés, mais lave-toi les mains avant, ou utilise un mouchoir propre. Si tu as des germes sur les doigts, tu risques de provoquer encore plus de boutons.

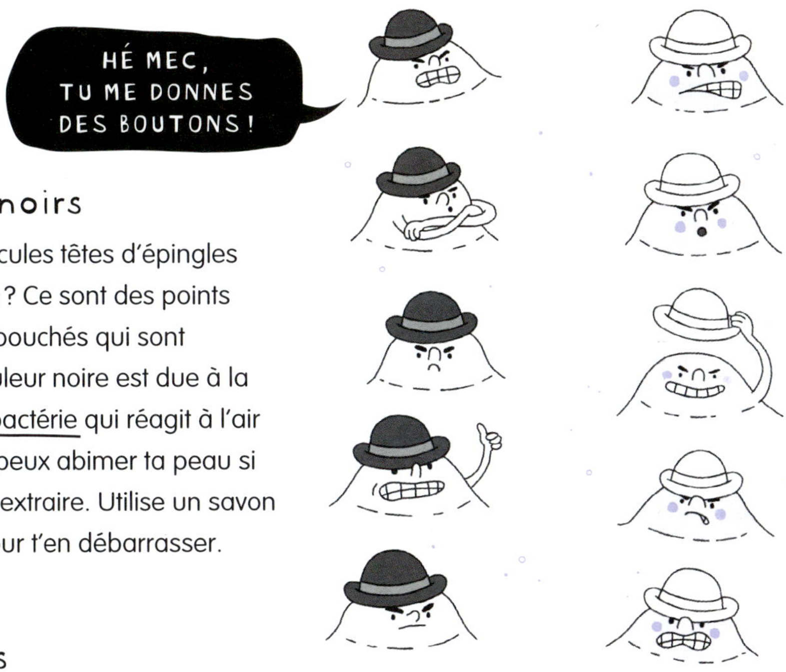


### Les points noirs

Tu vois les minuscules têtes d'épingles noires ou marron ? Ce sont des points noirs, des pores bouchés qui sont « ouverts ». La couleur noire est due à la présence d'une bactérie qui réagit à l'air qui t'entoure. Tu peux abimer ta peau si tu essaies de les extraire. Utilise un savon pour le visage pour t'en débarrasser.

### Les papules

Ces saloperies sont des boutons rouges et douloureux sous la peau, causés par l'inflammation de sébum et d'une bactérie. Ils ne doivent **JAMAIS** être triturés – contente-toi de les garder propres et applique une crème spéciale.

## Sois aux petits soins avec ta peau

Parce qu'à la puberté, ta peau est super sensible aux boutons, tu **DOIS VRAIMENT VRAIMENT** t'assurer de la nettoyer comme il faut, et en prendre le plus grand soin.

1. Nettoie ton visage avec un produit **DOUX** le matin **ET** le soir, et fais attention à ne pas trop frotter (ça peut abimer ta peau et la rendre sensible).

2. Hydrate, hydrate, **HYDRAAAAATE**. Tu te dis peut-être que tout ce gras sur la peau veut dire qu'elle n'a pas besoin de plus d'hydratation, mais si ! Si ta peau devient trop sèche, elle réagira en produisant **ENCORE** plus de sébum, ce qui fera encore plus de boutons.

3. Tu peux ensuite appliquer sur tes boutons une crème **SPÉCIALE PROBLÈMES DE PEAU** ou **ANTI-ACNÉ**. Assure-toi juste qu'elle ne soit pas trop forte, pas besoin d'abimer ou d'irriter davantage ta peau. Tu peux bien sûr demander conseil en pharmacie ou à ton médecin.

## SUPER ASTUCES

Lave tes serviettes de toilette et ta taie d'oreiller toutes les deux semaines pour te débarrasser des **GERMES**.

Essaie de ne pas toucher ton visage avec des doigts sales.

Si tu te maquilles, choisis des produits adaptés aux peaux grasses et sensibles. Demande conseil à un adulte ou un vendeur si besoin.

Et démaquille-toi toujours (oui, **TOUJOURS**) avant de te coucher !

## On exfolie !

Il n'y a pas que ton visage qui doit être bichonné ! Prends soin de ta peau partout en lui offrant un gommage en douceur sous la douche. Un exfoliant est un genre de nettoyant qui contient de petits éléments granuleux qui débarrassent ta peau de ses cellules mortes et des impuretés. Ça aide à réduire les boutons qui peuvent apparaître sur ton dos ou tes épaules à la puberté.

### Le savais-tu ?

Si tu nettoies régulièrement tes lunettes (ou lunettes de soleil), ça réduira la production de sébum qui provoque des boutons.

# FAIS FACE : YEUX & DENTS

Pendant ta croissance, tu devras faire bien attention à prendre soin de tous les recoins de ton corps, du sommet de ta tête jusqu'à tes orteils. Y compris tes yeux et tes dents – garde tes mirettes et tes quenottes en excellent état !

## Les lunettes

Beaucoup de gens ont besoin de lunettes pour bien voir. Si tu plisses les yeux ou que tout te paraît flou, demande à un adulte de prendre rendez-vous chez **L'OPHTALMOLOGUE**.

Ce spécialiste des yeux pourra évaluer ta vision à l'aide de tests marrants à base de lumières, miroirs et lentilles (pas de panique, ça ne fait pas mal !). Il pourra te dire si tu as besoin de lunettes.

**SOUVIENS-TOI**

Au début, tu te sentiras peut-être gênée ou mal à l'aise avec tes lunettes, mais il ne faut pas ! Les lunettes, c'est cool : demande à Harry Potter ! **WINGARDIUM LEVIOSA**.

## Les lentilles de contact

Il s'agit de lentilles incurvées qui se placent sur ton globe oculaire et qui sont quasiment **INVISIBLES**. Elles doivent être nettoyées soigneusement pour éviter l'infection. Demande conseil à ton opticien.

## Le savais-tu ?

Tu es née avec deux jeux complets de dents dans ta bouche ! Les dents adultes qui poussent les dents de lait vers la sortie sont présentes dès la naissance, bien cachées dans tes gencives.

## Garde tes dents super propres

**BROSSE-LES DEUX FOIS PAR JOUR.** Chaque matin, et encore une fois avant d'aller dormir.

**BROSSE DOUCEMENT TES GENCIVES** avec un mouvement circulaire quand tu te laves les dents, et frotte aussi ta langue. Ça permet de te débarrasser des germes qui donnent mauvaise haleine.

**PASSE DU FIL DENTAIRE.** Retire les petits morceaux de nourriture et les bactéries coincés entre tes dents.

**VA CHEZ LE DENTISTE** deux fois par an. Oui, on sait que c'est un peu flippant. Mais il faut quand même y aller.

**ÉVITE LES BOISSONS GAZEUSES**, tes dents détestent le sucre. Et aussi, ne brosse pas tes dents juste après avoir bu un soda ou un jus d'orange – ça peut abimer la couche protectrice autour de tes dents.

## Les appareils dentaires

Si tes dents sont un peu de travers ou qu'elles se chevauchent, tu pourrais avoir besoin d'un appareil. C'est un dentiste spécialisé, un **ORTHODONTISTE**, qui s'en occupe. Tu peux le porter quelques mois ou quelques années, selon la position de tes dents.

Il existe plusieurs types d'appareils, certains en plastique transparent, d'autres comme une barre de métal, et les bagues sont collées à chaque dent et reliées par un fil métallique. Tu pourrais être complexée au début, mais ça en vaut la peine : tu auras bientôt de jolies dents bien alignées !

# TRANSPIRATION ET HYGIÈNE PERSONNELLE

La transpiration fait partie de la vie. En fait, si nous ne transpirions pas, nous aurions de gros problème, car la sueur est nécessaire pour rafraîchir notre corps et lui éviter la surchauffe.

## Odeur corporelle

Prête à en apprendre plus sur les odeurs de transpi ? La première chose à savoir, c'est que tu possèdes deux types de **GLANDES SUDORIPARES**. Le premier fonctionne dès ta naissance, et le deuxième ne s'active qu'à la puberté – c'est comme si ça les réveillait, ces marmottes.

Le second type de glandes libère des sécrétions lipidiques qui réagissent avec les bactéries sur ta peau et c'est ce qui est responsable des odeurs de transpiration.

Maintenant que tu as plus de glandes sudoripares actives (environ 3 millions en tout !), tu vas transpirer plus, surtout sous les bras. **LA TRANSPIRATION PEUT VRAIMENT SENTIR MAUVAIS**, alors il est important de rester propre et fraîche.

**Le savais-tu ?**

Les chiens ne transpirent pas ! C'est pour ça qu'ils sortent autant la langue – ils évacuent ainsi leur chaleur et ça les rafraîchit.

## Hygiène

Évite les odeurs de transpiration en te lavant régulièrement. Tu devrais prendre une **DOUCHE** au moins un jour sur deux, et sans faute après avoir fait du sport, ou quand tu transpires beaucoup.

Un simple rinçage rapide ne débarrassera pas ta peau des bactéries ! Utilise du savon ou un gel lavant et nettoie ton corps en entier. Tu peux aussi commencer à utiliser un **DÉODORANT** pour peaux sensibles sous les aisselles pour tuer les bactéries et stopper les odeurs de transpiration.

### J'ai une question !

**Faut-il que je lave l'intérieur de mon vagin comme l'extérieur ?**

Non, par pitié ! Ton vagin est très intelligent et capable de se nettoyer et rester propre tout seul. Les savons peuvent perturber son équilibre délicat. En revanche, lave-toi autour de la vulve (la partie externe).

**Comment être sûre de ne pas sentir mauvais ?**

Mets du déo, et lave-toi bien le corps et les cheveux. Change de vêtements régulièrement et de sous-vêtements tous les jours.

# C'EST LE PIED !

Les pieds sont une des premières parties du corps à connaître les effets de la puberté, et ils peuvent prendre 2 ou 3 pointures en très peu de temps (il vaut donc mieux repousser à plus tard l'achat de cette paire de chaussures hors de prix).

Les pieds des filles atteignent en général leur pointure adulte environ un an avant la taille et le poids d'adulte, alors quand ils arrêteront de grandir, tu sauras que tu es presque au bout. Et parce que ton corps n'est pas symétrique, un pied peut être un peu plus large que l'autre. Ne t'inquiète pas, c'est **NORMAL** !

### Le savais-tu ?

Le pied humain contient 26 os, 33 articulations, 19 muscles et tendons, et 107 ligaments ! Ça fait 52 os pour une paire de pieds : dingue !

### Les ongles incarnés

**AÏE, OUILLE** et **ARGH** ! Les ongles incarnés apparaissent quand le coin ou le côté d'un ongle pousse à l'intérieur de la peau qui l'entoure. Ça peut devenir rouge, gonflé et assez douloureux.
Il est essentiel de les soigner afin qu'ils ne s'infectent pas. Si tu penses avoir une saleté d'ongle incarné, parles-en à ton médecin.

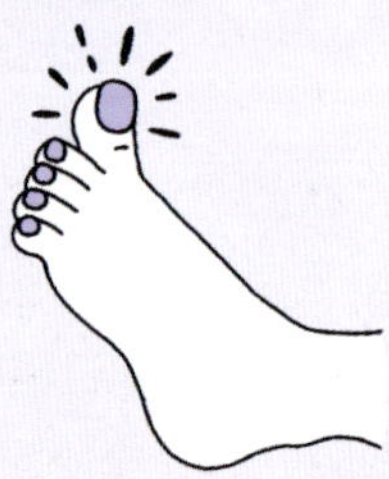

### C'est quoi, cette odeur ?

Tout comme le reste de ton corps, tes pieds possèdent plein de glandes sudoripares. Ça veut dire qu'il faut les laver régulièrement pour éviter les pieds qui **PUENT**. Débarrasse-toi des odeurs en portant une paire de chaussettes ou un collant propre chaque jour.

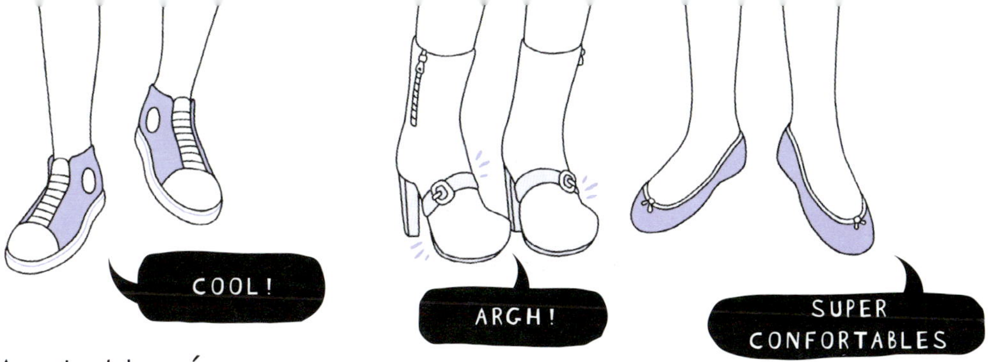


## Au pied levé

Les talons hauts peuvent causer des problèmes à tes pieds et ton corps. Si tu en portes tout le temps, tu pourrais développer de la CORNE (des bosses de peau dure), des douleurs de dos ou de genoux. Il vaut mieux porter autant que possible des chaussures plus plates et confortables, et ne sortir les talons que pour les grandes occasions. Les chaussures plates sont tout aussi cools !

## Les verrues plantaires

Ce sont en fait des **VERRUES** ordinaires, mais qui sont contraintes de pousser vers l'intérieur car elles sont sous tes pieds. Elles peuvent être douloureuses mais se soignent facilement avec un produit acheté en pharmacie. Elles sont aussi **TRÈS CONTAGIEUSES** et se transmettent aisément à la piscine. Évite tout souci en portant des chaussons de piscine en latex.

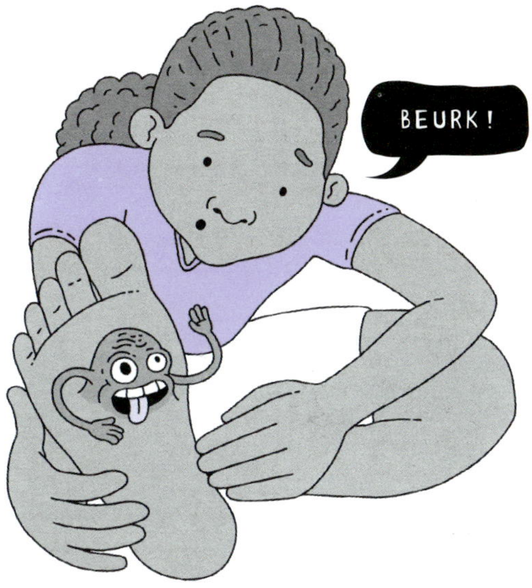

## Le pied d'athlète

C'est une **INFECTION À CHAMPIGNONS** qui fait peler tes pieds et les rend un peu gores ! Le champignon aime l'obscurité, l'humidité et les atmosphères chaudes – alors pense à bien enlever tes chaussettes pleines de sueur dès que possible. Si tu attrapes cette mycose, tu peux la traiter avec un fongicide.

# LES GARÇONS ET LA PUBERTÉ

On a parlé des changements que connaissent les filles en grandissant, mais que vivent les garçons quand le train de la puberté arrive en gare ? **DÉCOUVRONS-LE** !

D'abord, les garçons commencent généralement leur puberté plus tard que les filles – entre 9 et 15 ans. Ça veut dire que pendant un ou deux ans, les filles ont de l'avance, et seront souvent plus grandes (et plus mûres !) que beaucoup de garçons de leur classe. Ça explique pas mal de choses, non ?

## Côté hormones : quelle différence ?

Tu te souviens de ces hormones qui jouent les petits chefs et disent à tes ovaires de fabriquer des œstrogènes ? Eh bien, chez les garçons, elles ordonnent aux **TESTICULES** de fabriquer une nouvelle hormone appelée **TESTOSTÉRONE**. La testostérone provoque la plupart des changements que le corps masculin connaît à la puberté.

## Les cinq étapes de la puberté masculine

**ÉTAPE 1** Les nouvelles hormones donnent le départ. Les testicules commencent à produire de la testostérone et des **SPERMATOZOÏDES**, le gamète mâle qui crée un bébé quand il rencontre l'ovule. Les garçons commencent aussi à grandir, souvent d'un coup, ce qu'on appelle une « poussée de croissance ».

**ÉTAPE 2** Les **TESTICULES** des garçons deviennent peu à peu plus gros, et des poils commencent à pousser à la base du pénis. On appelle ça les **POILS PUBIENS**, car ils poussent autour du pubis (un os du pelvis).

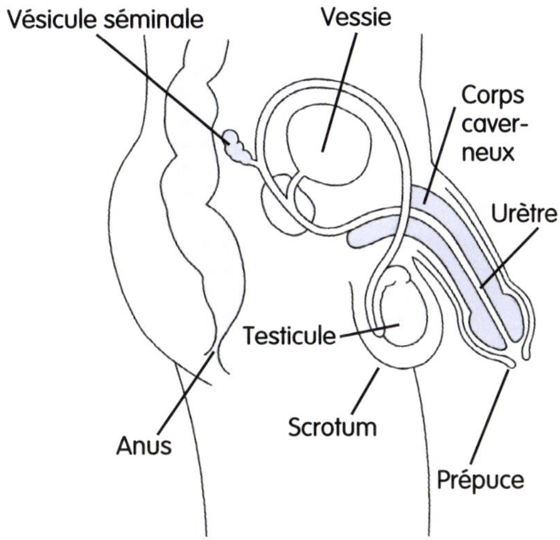


**ÉTAPE 3** Le pénis s'allonge. La voix des garçons devient plus grave à cette étape aussi. On appelle parfois cela « **MUER** ».

**ÉTAPE 4** Les poils pubiens continuent de pousser et le pénis devient plus long et plus large. La peau devient plus grasse, ce qui provoque l'apparition de **BOUTONS** (voir p. 20). Des poils poussent sous les bras, au-dessus des lèvres et sur le menton.

**ÉTAPE 5** À la fin de la puberté, les garçons ont atteint leur taille adulte définitive, et leurs épaules s'élargissent. Les **POILS DU VISAGE** poussent régulièrement, et de nombreux garçons commencent à se raser.

# AMOUR & RELATIONS AMOUREUSES

En même temps que la puberté te fait passer de fille à femme, c'est normal que tu commences à avoir de nouveaux sentiments d'attirance forts envers d'autres personnes ! **OH LA LA** !

Ces sentiments te poussent à vouloir être proche d'une personne qui t'attire. Si tu penses à cette personne qui pourrait être ton petit copain ou ta petite copine, tu te sentiras peut-être toute chaude et émoustillée à l'intérieur (**HIIII !**), ou tu seras incapable de parler quand tu le/la vois (merci, cerveau !).

Parfois, bien aimer une personne de cette manière s'appelle « **CRAQUER** » sur lui/elle.

Craquer sur une personne pour la première fois, c'est une expérience excitante – et **FLIPPANTE**. Tu dois gérer des émotions inconnues et plein de questions te trottent dans la tête.

Est-ce qu'il ou elle m'aime aussi ? Est-ce que ça se **VOIT** si j'aime quelqu'un ? Qu'est-ce que je dois faire de tous ces sentiments ?

## Que faire quand on craque sur quelqu'un

Il n'y a aucune règle à suivre – tout dépend de ce qui te convient à toi. Parles-en à tes amis si tu veux, ces sentiments sont naturels et normaux, inutile de les cacher. Si tu veux avouer à la personne en question qu'elle te fait craquer, pas de souci. Si tu ne veux pas, pas de souci non plus. C'est toi qui décides !

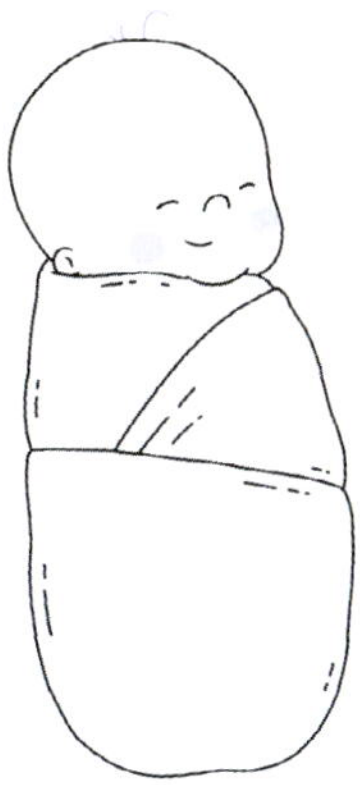

## Un peu de science : les hormones et l'A.M.O.U.R

La plupart des changements physiques qui surviennent à la puberté préparent ton corps à se reproduire (faire des enfants) plus tard. Ça veut dire que ton cerveau vit aussi la même chose – si tu continuais de penser que les garçons sont dégueus, il y aurait peu de chance que tu veuilles concevoir un bébé avec l'un d'eux à l'âge adulte.

C'est pourquoi les **HORMONES** qui transforment ton corps changent aussi tes émotions. À mesure que tu traverses ta puberté, tu vas commencer à ressentir des sentiments romantiques et, plus tard, sexuels. Et comme pour tout le reste, ça arrive à différents moments pour chacune.

## C'est quoi, une relation ?

Avoir un petit ami ou une petite amie – c'est-à-dire être dans une relation – ressemble beaucoup à de l'amitié. Il ne faut jamais que tu te sentes obligée de faire quelque chose que tu ne veux pas faire, tu devrais te sentir heureuse et en sécurité, et pas effrayée et mal à l'aise.

## Craquer sur le bon, le mauvais et le ARGH !

Quand on craque sur quelqu'un, ça peut être génial… et horrible aussi. Si la personne ne t'aime pas en retour, ou rompt avec toi, ou s'il s'agit d'une star que tu ne rencontreras jamais (oui Justin Bieber, c'est de toi qu'on parle), alors c'est **NAZE**.

Craquer sur quelqu'un peut aussi tourner à l'obsession – tu ne **PEUX. PAS. T'EMPÊCHER DE PENSER À LUI/ELLE**, et tu veux être près de lui ou elle **TOUT. LE. TEMPS**. Ces sentiments intenses peuvent même donner l'impression de prendre le dessus sur ta vie. **ARGHHH !**

### Le savais-tu ?

C'est tout aussi **NORMAL** de n'aimer personne de cette manière. Tu ne craques sur personne ? Pas de problème. Aucune loi n'exige que tu doives vouloir un petit copain ou une petite copine. Fais-nous confiance, on a vérifié.

Essaie de te rappeler que tu ne te sentiras pas comme ça pour toujours. Tu auras plein de béguins dans ta vie, même si tu as l'impression que cette personne-là est juste celle qu'il te faut aujourd'hui. Désolée, Justin.

## J'ai une question !

**J'ai des sentiments pour une autre fille, et pas un garçon – est-ce que c'est mal ?**

Bien sûr que non ! Comment des sentiments aussi bons pourraient être mauvais ? Être attirée par une personne du même sexe s'appelle l'homosexualité, et il n'y a rien de honteux là-dedans. Beaucoup de gens craquent sur des personnes du même sexe à la puberté, et si certaines filles n'aiment que les filles, d'autres découvrent qu'elles aiment les garçons **ET** les filles.

**Comment faire pour que la personne que j'aime bien m'aime aussi ?**

Tu ne peux **FORCER** personne à t'aimer. Sois sympa, amicale et parle-lui de vos points communs. Sois juste toi-même ! Et souviens-toi : si cette personne ne t'aime pas en retour, ça peut sembler insurmontable – mais ça ne l'est pas. Tu **VAS** tourner la page.

**Mes amis en ont marre car je passe beaucoup de temps avec mon petit ami. Que dois-je faire ?**

Dans la vie, tout est question d'équilibre. C'est génial que tu aimes ce garçon et que tu veuilles passer du temps avec lui, mais n'oublie pas tes amis ! Les amitiés durent toute la vie, alors fais-leur de la place aussi.

# S.E.X.E & COMMENT ON FAIT LES BÉBÉS

Quand un homme et une femme sont attirés l'un vers l'autre, ils ont un rapport sexuel. Quand ça arrive, le **PÉNIS** de l'homme se gorge de sang et se durcit – on appelle cela une « érection ». Il insère ensuite son pénis en érection dans le **VAGIN** de la femme.

## Le spermatozoïde rencontre l'ovule

Pendant l'acte sexuel, un homme éjacule. Ça veut dire que du sperme sort de son pénis et rentre dans le vagin de la femme. Les spermatozoïdes traversent le col de l'utérus et l'utérus et nagent vers les trompes de Fallope. Le premier spermatozoïde à atteindre l'ovule **GAGNE LA COURSE**, et creuse à l'intérieur. L'ovule est alors « fécondé » et commence sa descente le long de la trompe vers l'utérus, où il se nichera dans la paroi.

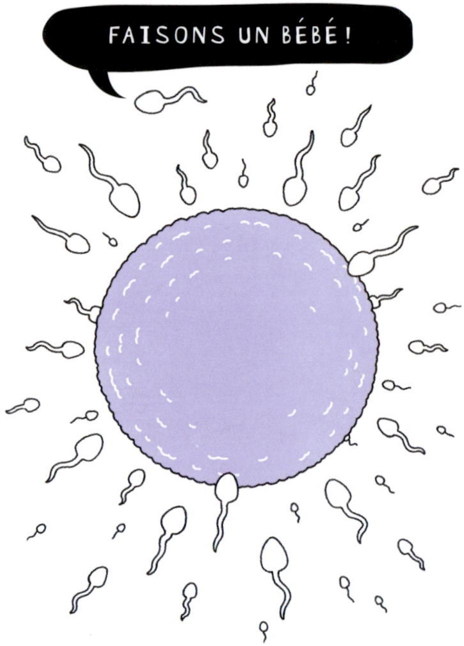


### SOUVIENS-TOI

Ne te sens **JAMAIS** obligée d'avoir des rapports sexuels, parce que tu t'inquiètes de savoir si un garçon t'aimera ou non, ou que tout le monde le fait. C'est une étape **SUPER IMPORTANTE** que tu ne dois franchir que quand tu es prête.

Une fois qu'une fille a ses règles, ça veut dire qu'elle peut tomber enceinte. Les ados mineurs ont le droit d'avoir des rapports sexuels s'ils sont consentants. En revanche, la loi établit des règles concernant les relations entre mineurs et majeurs. À partir de **15 ANS**, on estime une ado assez mature, et elle atteint sa « majorité sexuelle ».

## Anatomie féminine : c'est quoi tout ça ?

**OVAIRES** : deux sacs en forme d'œuf qui contiennent des millions d'ovules. Quand un ovule rencontre un spermatozoïde, ils deviennent un embryon qui deviendra au bout du compte un bébé.

**LES TROMPES DE FALLOPE** : les ovules libérés par les ovaires descendent le long de ces tubes jusqu'à l'utérus.

**UTÉRUS** : Un ovule fécondé s'accroche à la paroi de l'utérus. C'est là que le fœtus va grandir au cours des neuf mois suivants.

**VAGIN** : Ton vagin est à l'intérieur de toi, c'est le canal qui mène à l'utérus.

**POILS PUBIENS** : les poils épais et frisés qui couvrent ton pubis entre tes jambes.

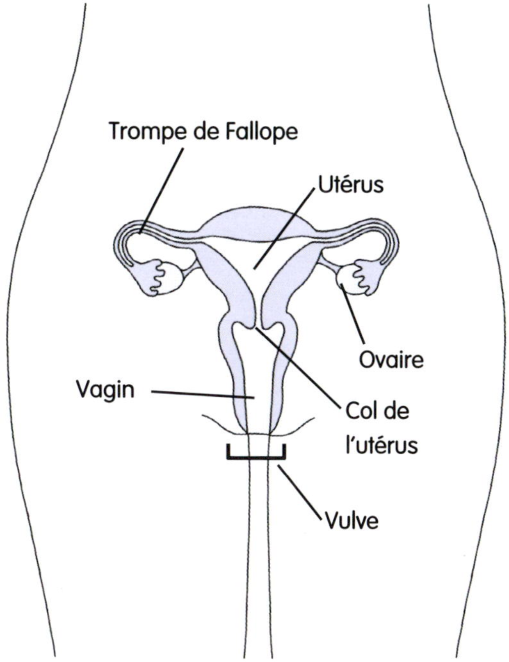


**URÈTRE** : Un petit trou à l'avant de ta vulve et de ton vagin. Il est relié à la vessie, c'est par là que sort l'urine.

**VULVE** : c'est la partie **EXTÉRIEURE** de ton sexe, qui inclut les grandes lèvres, les petites lèvres, ainsi que le clitoris (l'organe dont l'extrémité est le petit bouton à l'avant).

**ANUS** : Une ouverture entre tes fesses, reliée à ton estomac par les intestins. C'est par là que les selles sont évacuées.

### Apprends à te connaître

C'est une très bonne idée d'apprendre à connaître tes parties intimes. Essaie de tenir un miroir entre tes jambes pour t'aider à mieux comprendre ton anatomie.

# LA CONTRACEPTION

Les hommes et les femmes ont des rapports sexuels par plaisir (oui, vraiment), et pas seulement pour fabriquer des bébés. Ça veut dire qu'ils ont besoin d'utiliser un mode de contraception. La contraception empêche le spermatozoïde de féconder un ovule, afin d'éviter une grossesse.

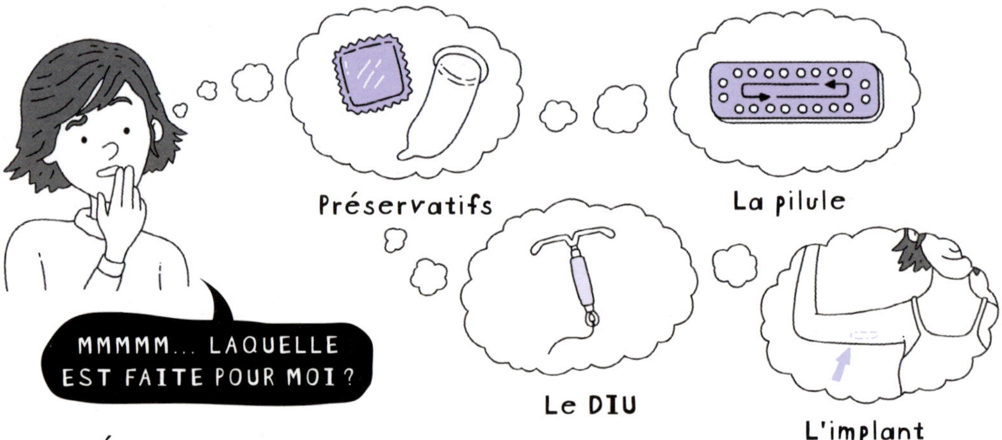


**LES PRÉSERVATIFS** : faits en latex, ils s'enroulent sur le pénis en érection comme un genre de gant en latex à un seul doigt. Le petit espace vide au bout recueille le sperme, l'empêchant d'entrer dans le vagin. Tu peux en acheter, mais aussi en avoir gratuitement notamment au collège/lycée, ou au planning familial.

**LA PILULE** : la pilule est le nom courant pour parler d'une contraception hormonale orale qui modifie l'endomètre et empêche la nidation de l'ovule (pilule progestative qui doit être prise chaque jour), ou qui supprime l'ovulation (pilule contenant des œstrogènes).

### Les IST

Pendant tes rapports sexuels, tu peux attraper des maladies appelées IST (**INFECTIONS SEXUELLEMENT TRANSMISSIBLES**). Pour t'en protéger, il faut toujours utiliser un préservatif, même si tu utilises déjà un autre mode de contraception. Le préservatif est une barrière contre les infections.

**LE DIU** : le Dispositif Intra-Utérin, parfois appelé « stérilet », est un dispositif en plastique ou métal en forme de T, qui s'insère dans l'utérus. Il doit être posé par un médecin, et peut rester jusqu'à 10 ans ! Il crée un environnement défavorable à la fécondation et empêche l'ovule de s'accrocher à la paroi utérine.

**L'IMPLANT** : certaines femmes trouvent compliqué de se souvenir de prendre la pilule et choisissent donc d'avoir un implant. Il fait environ la taille d'une pince à cheveux, et il est inséré sous la peau au creux du bras, à l'aide d'une aiguille. Il libère la même dose d'hormones que la pilule.

## J'ai une question !

**Est-il possible de tomber enceinte dès le premier rapport sexuel ?**

**OUI**, **OUI** et **OUI !!!** Tu peux tomber enceinte dès que tes ovaires commencent à libérer des ovules. Ça veut dire que même si tu n'as pas encore eu tes règles, tu peux être enceinte car l'ovule est libéré **AVANT** que le premier saignement n'arrive.

**Mon copain veut faire l'amour, mais pas moi. Que dois-je faire ?**

Tu ne devrais avoir un rapport sexuel que si **TU** es prête. Dis à ton copain que tu n'es pas encore à l'aise pour cette grande étape. Il devrait respecter ta décision. Si non, ne perds pas ton temps avec lui, il n'en vaut pas la peine.

**Que dois-je faire si je pense être enceinte ?**

Si tu as eu un rapport sexuel et que tu penses être enceinte, tu dois en parler à un adulte de confiance immédiatement, que ce soit un parent, médecin, sage-femme ou au planning familial. N'essaie pas de gérer seule cette situation en te disant que ça va passer – ça ne passera pas.

# BIEN MANGER & BOUGER

Ton corps est la chose la plus précieuse que tu possèdes et ***ATTENTION SPOILER*** : tu n'en as qu'un, alors c'est important d'en prendre soin. Garde une bonne hygiène de vie pendant ta puberté, grâce à une alimentation saine et équilibrée.

### SOUVIENS-TOI

Tu dois manger trois repas sains par jour : petit-déjeuner, déjeuner et dîner. Sauter des repas n'est pas une bonne idée : ton corps travaille dur, il a besoin d'énergie pour avancer, comme une voiture.

### C'EST QUOI, UNE ALIMENTATION ÉQUILIBRÉE ?

Une alimentation équilibrée, c'est manger une variété d'aliments qui contiennent plein de vitamines et de nutriments différents dont ton corps a besoin.

### Mange plein de...

**FRUITS ET LÉGUMES** : Tout est bon dedans ! On recommande au moins 5 portions par jour.

**FÉCULENTS** : pommes de terre, pâtes, riz, haricots secs et pain complet te donnent plein d'énergie.

**PRODUITS LAITIERS** : lait, fromages et yaourts contiennent du calcium, essentiel pour que tes os en pleine croissance soient solides.

**PROTÉINES** : poulet, poisson, soja, tofu, noix et œufs sont bourrés de protéines et indispensables pour nourrir les muscles que tu utilises chaque jour.

### Le savais-tu ?

L'eau est **TRÈS IMPORTANTE** pour ton corps et tu dois en boire **BEAUCOUP**. Bois 7 verres d'eau par jour pour rester bien hydratée et aussi en forme que possible.

## Mange peu de...

**PRODUITS SUCRÉS** : bonbons, chocolat et boissons gazeuses ne **DEVRAIENT PAS** faire partie de ton alimentation quotidienne.

**EN-CAS SALÉS** : la malbouffe et les chips contiennent **PLEIN** de sel, ils doivent rester exceptionnels. Trop de sel peut augmenter ta pression artérielle, ce qui est mauvais pour ton cœur, ton foie et tes reins.

## Bouge

Rester **ACTIVE** est tout aussi important que de bien manger pour rester en bonne santé. Marcher, courir ou faire un autre sport sont de supers moyens pour bouger. Tu devrais faire au moins 30 minutes par jour d'une activité qui accélère les battements de ton cœur.

## Les troubles alimentaires

Un trouble alimentaire, c'est quand une personne développe une relation malsaine et dangereuse avec la nourriture. Ça peut vouloir dire arrêter pratiquement de manger, c'est une maladie appelée **ANOREXIE**. Ou alors se faire vomir, une maladie appelée **BOULIMIE**.

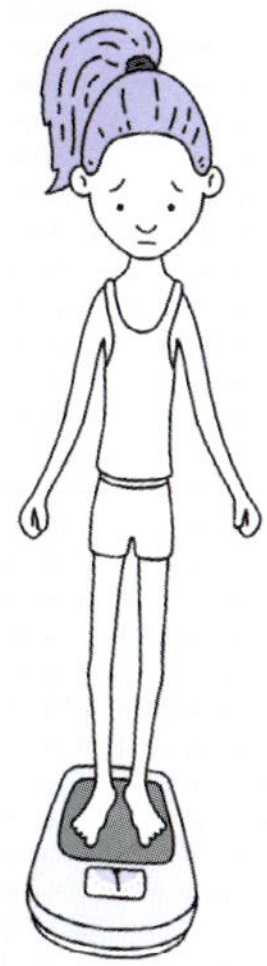

Un autre trouble alimentaire est la « **DYSMORPHIE CORPORELLE** ». Peu importe le poids qu'elle perd, une personne se trouvera toujours « grosse ». Les troubles alimentaires provoquent de graves problèmes de santé, et parfois la mort. Si tu as des soucis avec la nourriture, **S'IL TE PLAÎT**, parles-en pour te faire aider.

# IMAGE DU CORPS

« L'image du corps », c'est ta façon de te voir toi-même et de te juger.
Avoir une **IMAGE DU CORPS SAINE ET POSITIVE** veut dire accepter qui tu es, et te sentir bien dans ta peau.

## Toutes les formes et toutes les tailles

Quand la puberté commence, le corps des filles change de bien des manières. Certaines sont rondes, d'autres sont menues, d'autres grandes, d'autres petites – et **TOUTES** sont superbes. Avoir une image de soi positive n'a rien à voir avec ta carrure ou ta taille, et tout à voir avec comment TU te sens. Il n'y a pas d'apparence « parfaite » ou « idéale » pour une fille ou une femme. Tu es **BELLE**, quelle que soit ta morphologie. Point barre.

C'est parfois dur de s'en rappeler quand on regarde la télé ou qu'on feuillette un magazine, car les femmes s'y ressemblent toutes – mais ce n'est **PAS** la vraie vie.

## Développe une image de toi positive

**AIME-TOI**. Tu es la seule toi qui existes, et c'est merveilleux. Aime la peau dans laquelle tu vis et souviens-toi : l'important dans la vie, c'est d'être heureux et de s'amuser, pas d'avoir une apparence précise.

**NE TE COMPARE PAS AUX AUTRES**. C'est bien la manière la plus rapide pour te sentir mal. D'accord, tu aimerais peut-être avoir les cheveux de Christelle ou les seins d'Ophélie, mais peut-être qu'elles, elles aimeraient avoir le nez ou les yeux de Fatima – et c'est pas possible de vivre comme ça !

**N'OUBLIE PAS** que les pubs à la télé ou dans les magazines servent à nous vendre des trucs en nous faisant nous sentir nulles physiquement – c'est leur boulot. Mais nous sommes toutes belles et uniques à notre façon, et notre boulot, c'est de profiter de la vie !

**CONCENTRE-TOI SUR CE QUI EST BIEN**. Si jamais tu te sens mal dans ta peau, écris **3 TRUCS BIENS** que tu aimes à ton sujet. Ça pourrait être ton talent au foot, ton sourire, ta gentillesse – n'importe quoi ! Le plus important, c'est d'être positive.

**SOUVIENS-TOI**

Tu aimes tes amis ou ta famille à cause de leur apparence ? Non, tu les aimes pour ce qu'ils sont à l'intérieur – et c'est pareil pour toi.
Les gens t'aiment pour ta personnalité, pas pour ton corps.

# SE MOQUER DU PHYSIQUE

Aussi appelé « body shaming », il s'agit de commentaires négatifs ou critiques sur le physique d'une personne, en face ou derrière son dos – et ce n'est **JAMAIS** acceptable.

En fait, se moquer du physique est une forme de harcèlement, et parfois les gens ne se rendent même pas compte de ce qu'ils font. Regarde les exemples suivants.

**LAQUELLE SE MOQUE DU PHYSIQUE À TON AVIS ?**

**RÉPONSE : TOUTES**

Toutes les filles et femmes citées ci-dessus sont critiquées sur leur apparence, d'une manière ou d'une autre. **PAS. DU. TOUT. ACCEPTABLE.** Ce sont nos différences qui nous rendent humains, et nos différences sont géniales !

## L'histoire de Laurène, 13 ans

**« UN MEMBRE DE MA FAMILLE S'EST MOQUÉ DE MON PHYSIQUE »**

« Depuis mes 9 ans environ, ma tante n'arrêtait pas de faire des commentaires méchants sur mon poids. Je crois qu'elle avait juste l'impression de blaguer, mais je me sentais si mal. Au bout du compte, ma mère l'a entendue et ça l'a rendue folle : elle lui a dit que j'étais parfaite pour mon âge. Ma tante ne le fait plus maintenant, mais je n'oublierai jamais comment je me suis sentie à cause de ses paroles. Ça m'a certainement poussée à faire attention à ne pas faire de commentaires méchants moi-même. »

### SOUVIENS-TOI

Tu ne dois jamais laisser une autre personne te faire sentir qu'il faut que tu changes qui tu es. Sois fière de toi, et avance dans la vie la tête haute. **TU ES SUPER. OUI, TOI. ON PENSE QUE TU ES GÉNIALE.**

## Attention aux médias

Maintenant que tu sais ce qu'est le « body shaming », tu le repéreras certainement dans les médias (journaux, magazines, télé, films). Reste attentive à tout ce qui suggère qu'il y a une apparence « normale » ou « parfaite » pour les filles et les femmes. Quand tu le remarques, crie **BODY SHAMING** dans ta tête (ou tout haut si tu peux) et souviens-toi que c'est vraiment un paquet d'absurdités.

# RÉSEAUX SOCIAUX & SMARTPHONES

Les réseaux sociaux, ce sont ces sites Internet et applications qui permettent de partager des photos, vidéos et messages avec tes amis et ta famille. **INSTAGRAM**, **SNAPCHAT**, **FACEBOOK**, **WHATSAPP** et **TWITTER** sont autant de réseaux différents. Facile, hein ? Même s'ils sont très funs, tu dois faire bien attention à les utiliser prudemment et de manière responsable – ils peuvent aussi être dangereux.

**SOUVIENS-TOI**

La vie est comme un immense puzzle et les réseaux sociaux ne montrent que quelques-unes des meilleures pièces – jamais l'image en entier.

## Reste en sécurité en ligne

Garde tes paramètres de confidentialité **ACTIFS**, pour t'assurer qu'uniquement tes amis et ta famille pourront voir ce que tu postes.

**BLOQUE** quiconque te met mal à l'aise ou te gêne. Beaucoup d'applications ont un bouton « Signaler » pour leur faire savoir quand une personne a un comportement inapproprié ou inquiétant.

**SOUVIENS-TOI** que tout ce que tu postes sur Internet y reste pour **TOUJOURS** ! Les gens peuvent faire des captures d'écran de tes photos ou commentaires, même si tu les supprimes après.

## Fais attention...

**NE CHOISIS PAS** ton nom complet en nom d'utilisateur sur des sites comme Instagram, Twitter, Snapchat...

**N'AJOUTE PERSONNE** que tu ne connais pas. Certaines personnes font semblant d'être quelqu'un d'autre pour t'approcher. En plus, est-ce que tu veux vraiment qu'un inconnu regarde toutes tes photos ? **N-O-N. NE DONNE** à personne des détails personnels. Comme ton adresse, le nom de ton école, ton nom de famille ou ton mot de passe.

**NE POSTE RIEN** qui pourrait rendre une autre personne triste ou l'embarrasser. Pense à ce que tu ressentirais si on te le faisait à toi.

**NE LAISSE** personne te convaincre d'envoyer des photos ou des messages que tu n'as pas envie d'envoyer.

**N'ENVOIE RIEN** à une personne en qui tu n'as pas 100 % confiance.

## Internet, ce n'est PAS la vraie vie !

Les réseaux sociaux peuvent avoir une vraie influence sur la manière dont on se considère, soi-même ou sa vie. Ça peut être des jeunes de l'école qui postent des photos d'une fête, et qui te font te sentir exclue. Ou peut-être toutes ces stars qui semblent avoir une vie, une peau et une garde-robe parfaites et qui te donnent l'impression que ta vie est un peu pourrie en comparaison.

Ça nous arrive à **TOUTES**, mais souviens-toi : Internet, ce n'est **PAS LA VRAIE VIE**. Les gens ne postent que ce qu'ils veulent, les jolies photos ne montrent pas comment on se sent à l'intérieur.

# LE CYBER-HARCÈLEMENT

Les **RÉSEAUX SOCIAUX** sont un super moyen de partager et de garder le contact avec tes potes, mais ils ont un côté obscur aussi : le cyber-harcèlement.

Le problème avec le cyber-harcèlement, c'est que sur Internet, les gens peuvent s'en prendre à toi constamment, à n'importe quelle heure du jour ou de la nuit. Que tu sois tranquillement chez toi ou que tu consultes ton portable dans le bus, où que tu sois, tu n'es toujours qu'à quelques clics d'un contenu violent. Ne pas pouvoir t'échapper est horrible, blessant et **INACCEPTABLE**.

## Est-ce que je suis harcelée en ligne ?

Tu ne te rends peut-être pas compte que tu es cyber-harcelée, car tu penses que ce qui t'arrive est normal. Ça ne l'est pas. Voici ce que tu dois repérer :

1. Des photos ou commentaires méchants à ton sujet.
2. Des commentaires désagréables ou perturbants sous tes publications.
3. Être attaquée par tout un groupe.
4. Si tu as peur d'aller en ligne.

## Ce qu'il faut faire

Si tu es harcelée d'une quelconque manière – en ligne ou pas –, souviens-toi de ces 5 mots : **NE SOUFFRE PAS EN SILENCE**. Tu ne dois jamais, jamais penser que personne ne t'écouterait, ou te croirait, ou t'aiderait – il y a **TOUJOURS** quelqu'un à qui tu peux parler. Regarde cette liste :

### À qui puis-je parler ?

1. Un parent ou adulte en qui tu as confiance.
2. Un grand frère ou une grande sœur.
3. Un professeur.
4. Un conseiller d'éducation.
5. Un ami proche.

Explique ce qu'il se passe et confie à quel point tu te sens mal à cause de ça. Garde des captures d'écrans des commentaires horribles ou des photos afin que la personne puisse se rendre compte de la situation. Tu peux même garder un journal des événements.

# HARCÈLEMENT & PRESSION DU GROUPE

Le harcèlement a des formes multiples, il se produit quand une personne en cible une autre avec un comportement répété, délibéré et désagréable. Certains harceleurs peuvent utiliser leur force physique pour **INTIMIDER** les autres, mais les filles harceleuses ont plus tendance à le faire verbalement, ou à les exclure d'un groupe d'amis.

Ton école trouvera toujours un moyen de gérer ça, alors si tu es harcelée (ou une autre personne), **PARLES-EN** à un professeur. Il existe aussi des sites de lutte contre le harcèlement qui offrent un espace sûr pour des conseils et du soutien.

### C'est quoi, une amitié saine ?

**UNE AMITIÉ NE DEVRAIT PAS :**

1. Te faire te sentir mal dans ta peau.
2. Te donner l'impression que tu dois faire ou dire des choses que tu ne veux pas.
3. Être difficile, ou t'inquiéter d'être aimée ou non.

**UNE AMITIÉ DEVRAIT :**

1. Être marrante !
2. Te mettre à l'aise.
3. Être basée sur la confiance.

## C'est quoi, la pression de groupe ?

Ton « **GROUPE** », ce sont les gens qui ont ton âge, comme tes camarades de classe. S'ils essaient de te persuader de faire quelque chose, ou te font sentir que tu dois agir d'une certaine manière pour t'intégrer, c'est « la pression de groupe », et ce n'est **PAS ACCEPTABLE**.

Souviens-toi toujours que c'est **TA VIE**, et que c'est **À TOI DE DÉCIDER**. Si on te dit de mettre ta main dans le feu, tu ne le feras pas. Alors pourquoi laisserais-tu quiconque décider de ce qui t'arrive d'une quelconque façon ? **ON EST D'ACCORD**.

## La pression de groupe, c'est...

1. Être poussée à sécher les cours. Non seulement ça te causera des problèmes, mais ça affectera ton apprentissage et ton avenir – ça n'en vaut pas la peine !

2. Être poussée à fumer des cigarettes, boire de l'alcool ou te droguer. Tout ça a un impact négatif sur ta santé. Que tu boives ou non de l'alcool est une décision à prendre après tes 18 ans, mais fumer et te droguer est **TOUJOURS** dangereux et peut te tuer. Dis simplement **NON**.

3. Être forcée à prendre part au harcèlement ou à l'exclusion d'une autre personne. Tu te dis peut-être que si tu ne fais pas pareil, tu seras la prochaine à être exclue. C'est une forme de pression de groupe.

4. Te comporter d'une certaine manière pour t'intégrer. Modifier sa façon d'être pour faire partie du groupe et être « cool » et populaire est une forme de pression. Sois toi-même !

# LA VIE À L'ÉCOLE

L'école peut être **DIFFICILE**, non ? Il y a tellement de matières dans lesquelles tu voudrais réussir. Tu devrais toujours faire de ton mieux, mais ne te prends pas non plus la tête si tu n'as pas de super notes partout.

Tout le monde a des talents différents. Sarah est peut-être super douée en maths, mais galère en histoire. Lisa est peut-être la meilleure en dessin, mais pas très forte en sciences. Les gens ont des forces différentes, et ce n'est **PAS GRAVE**.

## La dyslexie

La dyslexie est un trouble de l'apprentissage qui modifie la manière dont le cerveau voit les lettres et les symboles, ce qui rend la lecture difficile. Ton école peut t'aider si tu es dyslexique. Il ne faut pas avoir honte, et ça ne veut pas dire que tu es moins intelligente que les autres. En fait, les dyslexiques sont souvent **TRÈS** intelligents. Eh ouais !

Si tu as du mal à suivre, n'aie **JAMAIS** peur d'en parler à ton prof. S'il sait que tu as des difficultés, il pourra t'aider. C'est son boulot, après tout !

## Trop de pression !

On a parlé de la pression de groupe, mais les parents aussi peuvent te mettre la pression, et c'est dur à vivre. Évidemment, tu dois toujours faire tes devoirs (même si ça te saoule), mais ta vie doit être équilibrée : tu devrais avoir du temps pour te détendre et t'amuser après les cours aussi.

Tu as l'impression que tes **PARENTS** attendent trop de toi ? Dis-leur que tu sais qu'ils veulent le meilleur pour toi, et que toi aussi ! Assure-toi qu'ils se rendent bien compte que tu fais de ton mieux, et que tu ne peux pas faire plus. Personne, pas même tes parents, ne devrait te faire sentir que tu ne suffis pas. D'accord ?

## Les filles et les matières scientifiques

Tu sais, les **SCIENCES**, **MATHS**, **TECHNOLOGIE**... Beaucoup de gens essaient d'encourager les filles à aimer et étudier ces matières, et à ne pas se sentir exclues parce qu'elles sont considérées comme des « matières de garçon ». C'est génial, car **a)** les filles sont géniales et il n'existe pas de matières « pour les filles » ou « pour les garçons » et **b)** ces matières mènent à de bons emplois. Alors si tu aimes les matières scientifiques, fonce !

# SEXISME & ÉGALITÉ DES SEXES

Les hommes et les femmes ont des corps différents, mais est-ce que ça veut dire que l'un est mieux que l'autre ? **NON**, bien sûr que non ! Quand les gens sont traités inégalement ou poussés à se comporter d'une certaine manière, juste parce qu'ils sont une fille ou un garçon, c'est du **SEXISME**.

## Donne-moi un exemple !

**« Les filles ne devraient pas faire de foot, c'est un sport de garçons ! »** C'est du sexisme. Il n'existe littéralement aucune raison pour que les filles ne jouent pas au foot, aucune règle qui dit que les garçons ou les filles doivent aimer ou faire des choses différentes.

**« Théo pleure comme une fille. »** Encore du sexisme ! C'est complètement normal que les garçons pleurent quand ils sont tristes, et ça ne les rend pas moins masculins. C'est vraiment une manière de penser dépassée.

**« La femme devrait rester à la maison pour s'occuper des enfants, et l'homme aller au travail. »** Attention, alerte sexisme ! Les hommes et les femmes sont tout aussi compétents, intelligents et capables de travailler. Il y a beaucoup de pères au foyer et de mères actives. C'est à chacun de choisir ce qu'il veut faire de sa vie.

## Ça veut dire quoi, « être féministe » ?

Un(e) féministe est une personne, homme ou femme, qui croit que les hommes et les femmes doivent être égaux et traités exactement de la même manière dans tous les domaines de la vie. Certaines personnes pensent que le féminisme est une haine des hommes, mais c'est faux. Tout le monde devrait être féministe, car l'égalité des droits est importante.

### Le savais-tu ?

Les femmes ont fait beaucoup de chemin, mais pas encore assez. Dans beaucoup d'entreprises, les femmes ne sont toujours pas autant payées que les hommes, même quand elles font le même travail ! Ridicule, non ?

## Le pouvoir des filles : petit guide

1. Souviens-toi chaque jour que les filles peuvent faire tout ce que font les garçons, et réciproquement.

2. Ne laisse personne te dire « Ce n'est que pour les garçons » – il n'existe rien de tel !

3. Inspire-toi des femmes fortes et puissantes : Beyoncé, Michelle Obama, ta mère… quiconque ne se laisse pas marcher dessus par les hommes !

# PARLONS FAMILLE

Il existe plein de types de familles différents : monoparentale, d'accueil, belle-famille, avec deux mamans ou deux papas, ou même des enfants élevés par les grands-parents, et aucune n'est meilleure qu'une autre. Ce qui est important, c'est qu'une famille **S'AIME** et **SE SOUTIENNE** – même si vous vous disputez parfois, ou qu'une porte claque quand tu es en colère.

## Mariage et divorce

Quand deux personnes **S'AIMENT**, elles peuvent décider de se marier. Mais parfois, les couples mariés finissent par ne plus s'aimer et mettent fin à leur mariage, ce qu'on appelle « divorcer ».

Si tes parents décident de divorcer, ça peut être très dur à vivre et te donner l'impression que la vie que tu connais est finie, et ça peut te mettre en colère aussi.

### SOUVIENS-TOI

Si tes parents divorcent, ne garde pas toutes ces émotions en toi : ça ne ferait qu'aggraver les choses. Parles-en avec tes parents, ils t'aideront à comprendre pourquoi les choses se passent ainsi.

Ce qu'il faut vraiment garder à l'esprit, c'est que ce n'est **PAS. TA. FAUTE.** Le divorce est un choix personnel entre deux personnes, tu n'aurais rien pu faire pour l'empêcher. Parfois, les adultes ne sont simplement plus amoureux, c'est triste, mais ça arrive. Tes parents t'aimeront toujours **TOI**, quoi qu'il arrive. Le divorce n'y change rien.

## L'adoption

«L'adoption», c'est quand des adultes deviennent les parents légaux d'un enfant qu'ils n'ont pas conçu. Être adoptée n'a rien de honteux – ça te rend super spéciale, car tes parents t'ont **CHOISIE**. Et ça ne veut pas non plus dire qu'ils ne sont pas vraiment tes parents : être parent, c'est soutenir et aimer un enfant qui grandit, aucune importance si le parent t'a conçu ou non.

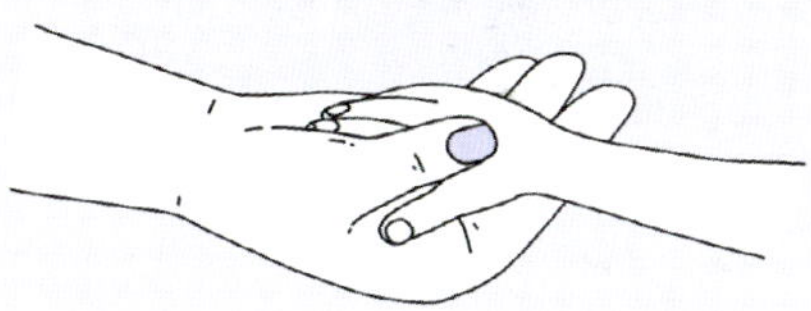

## Les belles-familles

L'un des parents, ou les deux, peut choisir de se remarier, et leur nouveau conjoint deviendra ta belle-mère ou ton beau-père. S'ils ont déjà des enfants, ceux-ci deviendront tes demi-frères ou demi-sœurs.

Quand deux familles s'associent, on parle de famille «recomposée». Ça peut être génial, mais aussi difficile et bizarre. Trouve **TOUJOURS** une personne à qui parler de tout ça – n'essaie pas de te débrouiller toute seule.

# LA DÉPRESSION

Quand on grandit, il y a **BEAUCOUP** de trucs à gérer, et ça peut te rendre triste ou te bouleverser de temps en temps. Néanmoins, parfois, tous les changements que tu traverses, ou les problèmes à l'école ou à la maison, peuvent provoquer un état bien plus grave appelé dépression.

## C'est quoi, la dépression ?

La dépression est une maladie, et c'est bien différent de juste te sentir un peu triste de temps en temps, ou d'avoir des sautes d'humeur à cause de cette bonne vieille puberté. Les gens dépressifs trouvent extrêmement difficile de sortir de leur tristesse, pendant des mois ou même des années. Ils peuvent se sentir complètement nuls, indignes d'être aimés, et n'apprécient plus ce qu'ils aimaient avant. Ils peuvent passer beaucoup de temps au lit, loin de leurs amis et de leur famille.

## Comment gérer ça ?

Contrairement à un mal de gorge ou un bras cassé, la dépression est une **MALADIE MENTALE**, et il n'existe aucun remède rapide – tu ne peux pas mettre un plâtre sur le cerveau !

Les médecins **PEUVENT** guérir la dépression, grâce à des médicaments et une thérapie. Si tu penses être dépressive, ou que tu as envie de te faire du mal, s'il te plaît, **S'IL TE PLAÎT**, parle à quelqu'un. Une dépression non traitée ne peut que s'aggraver, alors **IL FAUT** demander de l'aide. Et promis : ça **VA** aller mieux.

### L'histoire de Laura, 13 ans

**« JE NE COMPRENAIS PAS POURQUOI J'ÉTAIS TOUJOURS TRISTE »**

« C'est venu petit à petit au début. Je me sentais malheureuse de plus en plus souvent, et finalement je n'avais plus envie de faire tout ce que j'aimais avant. C'était comme être piégée dans une bulle grise et triste… tout ce que je voulais faire, c'était rester au lit avec les rideaux tirés, et je ne pouvais pas m'arrêter de pleurer. Ma mère était vraiment inquiète, alors elle m'a emmenée chez le médecin qui m'a diagnostiqué une dépression. Maintenant, j'ai un traitement, et je vois un psy une fois par semaine pour parler, et ça m'aide vraiment. »

# GRANDIR HEUREUX

Devenir adulte, ce n'est pas toujours facile. En fait, c'est peut-être la période la plus difficile de ta vie. Ton corps et tes émotions changent si vite, et de manière probablement assez affolante, que parfois tu as du mal à t'accrocher !

On espère que ce livre t'aura donné une bonne idée de ce qui t'attend à la puberté, et de comment gérer tout ce qui vient avec. S'il y a une chose qu'on aimerait que tu te rappelles, c'est : **TU PEUX LE FAIRE !**

## Qui peut t'aider ?

Le meilleur conseil qu'on puisse te donner, c'est de ne jamais rester seule. Si tu as des soucis, **PARLE À QUELQU'UN**. Ça peut être un adulte de confiance, un ami ou un professionnel. Voici quelques sites et lignes téléphoniques pour trouver du soutien :

### Pour des conseils et du soutien*

**FIL SANTÉ JEUNES :**
32 24 ou +33 1 44 93 30 74
(depuis un téléphone portable)
www.filsantejeunes.com

**NON AU HARCÈLEMENT :**
3020 ou 0800 200 000
si tu es harcelée sur Internet.
www.nonauharcelement.education.gouv.fr

* LES ENFANTS DOIVENT ÊTRE SUPERVISÉS QUAND ILS VONT SUR INTERNET, SURTOUT S'ILS VISITENT UN SITE INCONNU. LES ÉDITEURS ET AUTEURS DÉCLINENT TOUTE RESPONSABILITÉ QUANT AU CONTENU PRÉSENT SUR LES SITES RÉFÉRENCÉS DANS L'OUVRAGE.

## La puberté positive

**SOUVIENS-TOI** que tu n'es pas la première à te sentir ainsi, ou à avoir traversé la puberté. Chaque adulte que tu croises a affronté le mot en P et s'en est sorti, alors **TU PEUX LE FAIRE AUSSI!**

Dis «Je suis **FORTE** et puissante et je peux tout affronter» 3 fois tout haut. Oui, tu pourrais te sentir un peu bête, mais ça marche vraiment.

**FAIS QUELQUE CHOSE** qui te fait **RIRE** aux éclats, que ce soit regarder ta série préférée, dire des bêtises avec une amie, ou faire des chatouilles à ta petite sœur jusqu'à ce qu'elle n'en puisse plus.

**ÉCRIS** trois choses que tu aimes à ton sujet, aussi insignifiantes soient-elles. Si tu te sens triste ou mal, regarde cette liste et souviens-toi que tu es **SPÉCIALE**.

**SOUVIENS-TOI** que **CHACUN** est différent, et c'est ce qui fait tourner le monde. La différence est bonne, la différence nous rend humain.

**LA CONFIANCE**, c'est la clé. Il ne s'agit pas de prendre toute la place, ou d'être le centre de l'attention, mais d'avoir confiance en toi, et en qui tu es. Aime-toi, et le monde t'aimera aussi.

Tu es une personne forte, **BRILLANTE** et extraordinaire, qui fait ses premiers pas sur la route vers l'âge adulte et le reste de ta vie. C'est excitant, et même si tu rencontres quelques obstacles le long du chemin, continue de marcher sur ta route, tu finiras par traverser tout ça.

# GLOSSAIRE

**ANOREXIE NERVEUSE** Une maladie grave/ un trouble alimentaire caractérisé(e) par un désir excessif de perdre du poids, et une restriction alimentaire extrême.

**ANUS** L'orifice entre tes fesses par lequel les déchets solides (selles) passent quand tu vas aux toilettes.

**BODY SHAMING** Faire des commentaires critiques ou négatifs sur une personne en s'appuyant sur sa taille, sur son poids ou sur son apparence.

**BOULIMIE NERVEUSE** Une maladie grave/ un trouble alimentaire caractérisé(e) par des vomissements volontaires peu après avoir mangé.

**CLITORIS** La bosse sensible, juste au-dessus de l'entrée du vagin, qui provoque du plaisir quand elle est caressée.

**COL DE L'UTÉRUS** L'entrée de l'utérus tout au fond du vagin.

**CONTRACEPTION** Méthodes pour empêcher une grossesse.

**FOLLICULES** Les minuscules trous dans ta peau par lesquels les poils sortent.

**GLANDE** Une cellule ou un organe qui produit des substances chimiques et les libère dans le corps.

**HARCÈLEMENT** L'attaque répétée et délibérée d'une personne ou d'un groupe par une autre personne ou un autre groupe, où la relation est caractérisée par un déséquilibre du pouvoir.

**HORMONE** Une substance chimique produite par les glandes puis libérée dans le corps.

**HYPOPHYSE** Une glande de la taille d'un petit pois à la base du cerveau et qui libère des hormones.

**IMAGE CORPORELLE** La manière dont tu te vois toi-même, l'image mentale ou subjective que tu as de ton propre corps.

**ŒSTROGÈNE** Une hormone, principalement produite par les ovaires, qui aide à développer le corps féminin.

**OVAIRES** Les organes reproductifs féminins qui produisent des ovules.

**OVULATION** La libération d'ovules depuis les ovaires.

**PERTE** Tout fluide qui est évacué du corps humain, par le vagin en particulier.

**POILS PUBIENS** Les poils qui poussent autour de ta vulve, et recouvrent ton pubis.

**PUBERTÉ** Le processus qui se déroule quand le corps d'une fille change peu à peu pour devenir celui d'une femme (et quand celui d'un garçon change pour devenir celui d'un homme).

**PUBIS** Un os protecteur à l'avant du pelvis.

**SERVIETTE HYGIÉNIQUE** Un coussinet absorbant qui se colle à l'intérieur de la culotte, pour retenir le sang qui coule pendant les règles.

**TAMPON** Un petit paquet de fibres de coton compressées, qui est inséré dans le vagin pour absorber le sang pendant les règles.

**TROMPES DE FALLOPE** Les tubes reliant les ovaires à l'utérus.

**URÈTRE** Un tube très étroit qui transporte l'urine depuis ta vessie jusqu'à l'extérieur du corps. L'extrémité de l'urètre forme une petite ouverture dans ton corps juste à l'avant du vagin.

**UTÉRUS** Un organe creux à l'intérieur de l'abdomen d'une femme, où grandit le bébé.

**VAGIN** Le canal qui relie ton col de l'utérus à la vulve, entre l'urètre et l'anus. Il est très extensible afin de permettre au bébé de sortir.

**VERRUES PLANTAIRES** De petites verrues douloureuses qui poussent sous tes pieds.

**VULVE** L'ensemble des organes génitaux externes qui couvrent et protègent l'ouverture du vagin. Elle inclut les grandes lèvres, les petites lèvres, l'urètre et le clitoris.

# INDEX

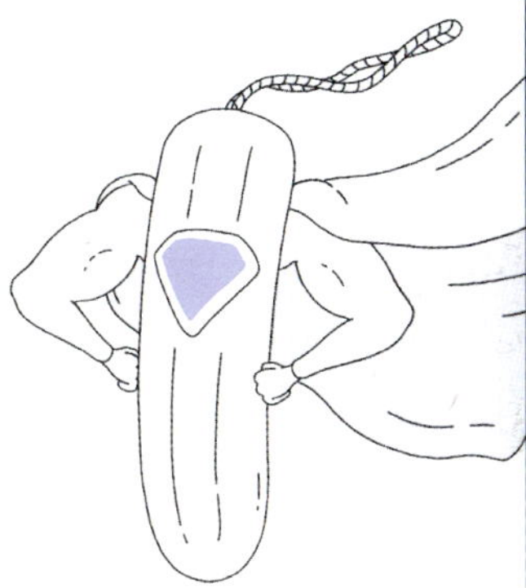

# UN GUIDE POUR LES ADULTES

La puberté ne touche pas seulement celles qui la traversent, ça peut être une période **DIFFICILE** et intimidante pour les familles et les enseignants. Ce livre est conçu pour aider non seulement les filles qui connaissent cette transformation d'enfant à femme, mais vous aussi.

Ça peut être une super idée de lire ce livre ensemble. Pour vous, il peut servir de guide pour discuter des bouleversements physiques et émotionnels qui surviennent à la puberté. Pour l'enfant, il offre un espace pour poser des **QUESTIONS** sur la puberté et tout ce qui est lié.

Si votre fille ou votre élève préfère lire ce livre seule, proposez-lui d'en discuter après, pour répondre à n'importe quelle question qu'elle pourrait avoir.

Il faut qu'elle sache qu'elle peut vous **PARLER** à n'importe quel moment, quand elle en a besoin. Parfois, tout ce que vous avez à faire, c'est écouter, et d'autres fois, elle pourrait avoir besoin de **CONSEILS** de la part de quelqu'un qui a déjà traversé tout ça. Quoi qu'il en soit, pour elle, savoir que vous la soutenez et précieux.

Les hommes aussi ont un rôle important à jouer pour influencer le bien-être et la santé des jeunes filles, et la manière dont une fille viendra à considérer le sexe opposé. Soyez confiant dans votre approche du contenu de ce livre, **APPRENEZ-LUI** à parler ouvertement et à ne jamais avoir honte de demander des conseils ou de l'aide, c'est cela la clé pour grandir heureux.

Les **PROFESSEURS** jouent un rôle très important aussi. Vérifiez que le règlement de votre établissement, qui devrait être rédigé en collaboration avec les parents et les élèves, vous soutient bien quand vous enseignez et répondez aux questions. Si vous pensez que le règlement doit être mis à jour ou amendé, prenez les choses en main et faites que ça se produise !

### Montrez le chemin

Les jeunes filles comptent sur nous pour leur présenter un modèle de **FEMME** forte et confiante. La manière dont nous agissons et nous comportons influe sur leur perception du monde, alors soyez un modèle positif pour la prochaine génération !